Esta obra foi composta em *Minion Pro*
e impressa por Gráfica Santa Marta sobre papel
Offset 90 g/m² para Editora Vida.

MATERNIDADE

MATERNIDADE:

UM CAMINHO PARA AS VIRTUDES

Bruna Luz · Chelsey Costa · Laila Coelho
Nathalie Barros · Vitoria Reis

Vida

Editora Vida
Rua Conde de Sarzedas, 246 — Liberdade
CEP 01512-070 — São Paulo, SP
Tel.: 0 xx 11 2618 7000
atendimento@editoravida.com.br
www.editoravida.com.br
@editora_vida /editoravida

Editora-chefe: Sarah Lucchini
Gestão selo Vida Kids: Vitoria Reis
Coordenadora de projeto: Daniela Teles
Editora responsável: Renata Guimarães
Assistente editorial: Larissa da Mata
Revisão: Rosalice Gualberto
Revisão de provas: Bárbara Bie
Coordenadora de design gráfico: Claudia Fatel Lino
Projeto gráfico e diagramação: Willians Rentz
Ilustração de capa: Luciana Leite
Capa: Vanessa S. Marine

MATERNIDADE: UM CAMINHO PARA AS VIRTUDES

■

Todas as citações bíblicas e de terceiros foram adaptadas segundo o Acordo Ortográfico da Língua Portuguesa, assinado em 1990, em vigor desde janeiro de 2009.

■

As opiniões expressas nesta obra refletem o ponto de vista de seus autores e não são necessariamente equivalentes às da Editora Vida ou de sua equipe editorial.

Os nomes das pessoas citadas na obra foram alterados nos casos em que poderia surgir alguma situação embaraçosa.

Todos os grifos são do autor, exceto os indicados.

1. edição: jun. 2025

Dados Internacionais de Catalogação na Publicação (CIP)
(Câmara Brasileira do Livro, SP, Brasil)

Maternidade : um caminho para as virtudes / Bruna Luz...[et al.]. — São Paulo : Editora Vida, 2025.

Outros autores: Chelsey Costa, Laila Coelho, Nathalie Barros, Vitoria Reis

ISBN 978-65-5584-759-8
e-ISBN 978-65-5584-761-1

1. Mães - Vida religiosa 2. Maternidade - Aspectos religiosos 3. Virtudes I. Luz, Bruna. II. Costa, Chelsey. III. Coelho, Laila. IV. Barros, Nathalie. V. Reis, Vitoria.
25-273901 CDD-248.8431

Índice para catálogo sistemático:
1. Maternidade : Cristianismo 248.8431
Cibele Maria Dias - Bibliotecária - CRB-8/9427

Sumário

Prefácio

Ser mãe é uma das jornadas mais belas e, ao mesmo tempo, mais desafiadoras que uma mulher pode trilhar. Entre noites mal dormidas, decisões diárias, dúvidas constantes e o desejo profundo de acertar, somos constantemente levadas a confrontar quem somos e no que cremos. E, nessa caminhada, frequentemente descobrimos que a maternidade não visa apenas formar o caráter dos nossos filhos, mas, acima de tudo, permitir que sejamos transformadas — de dentro para fora — pela graça de Deus.

Que privilégio foi poder ler este livro tão repleto de sabedoria. Esta obra é como uma conversa boa entre mães amigas, regada de sabedoria do alto. Na jornada materna, muitas vezes, sentimo-nos sozinhas e sem direção. Este livro é o abraço de uma amiga no meio da correria. Ele nos convida a respirar fundo e refletir com calma sobre o tipo de mulher que queremos ser no cotidiano da criação dos nossos filhos. As autoras não oferecem fórmulas mágicas nem exigências irreais. Pelo contrário, com sinceridade e sensibilidade, compartilham experiências reais, falhas honestas e aprendizados preciosos que surgem na rotina de quem ama, erra, recomeça e, acima de tudo, deseja refletir Cristo dentro do lar.

Cada capítulo é uma pequena joia, que nos ajuda a olhar com mais clareza para virtudes essenciais como justiça, sabedoria, temperança, fortaleza, esperança, mansidão, verdade, integridade, bondade, obediência, união, lealdade e amor. Lidas isoladamente, essas palavras podem parecer conceitos distantes ou até exigências pesadas. Mas aqui, elas ganham cor, cheiro, voz e rosto — o rosto da mãe que você pode ser. E se tornam acessíveis pela ação do Espírito Santo, que deseja produzir esses frutos em nós.

Ao longo das páginas, você encontrará consolo para os dias difíceis, coragem para recomeçar e, acima de tudo, direcionamento bíblico para viver a maternidade com propósito. Não como quem precisa dar conta de tudo sozinha, mas como quem se rende, confia e caminha guiada por um Deus que é bom, fiel e presente. Um Deus que nos aperfeiçoa na jornada, enquanto trabalhamos na formação dos nossos filhos.

Este livro é um lembrete delicado de que não precisamos esperar a perfeição para sermos usadas por Deus na vida dos nossos filhos. A graça de Cristo nos alcança nas madrugadas cansadas, nos pratos empilhados, nas falas impacientes e até nas orações sussurradas enquanto lavamos a louça. A virtude nasce nesses lugares simples, quando nos entregamos novamente a Deus e pedimos: “Ajuda-me a ser mais parecida com Jesus hoje”.

Ao longo da leitura, você perceberá que não está sozinha. Há outras mulheres, outras mães, que compartilham das mesmas lutas, que também choram e se arrependem, aprendem e se levantam com o coração disposto a continuar. Que este livro sirva também como ponte de comunhão — entre você, outras mulheres e o próprio Senhor. Aliás, que tal lê-lo com uma amiga ou uma comunidade de amigas?

Talvez você se sinta distante de algumas dessas virtudes. Talvez pense que falhou mais do que acertou. Mas lembre-se: a jornada cristã é feita de passos firmes e tropeços restaurados pela graça. Nenhuma mãe nasce pronta, mas toda mãe em Cristo pode crescer. Este livro não é um manual rígido, mas um companheiro gentil, que aponta para o alvo certo e convida você a caminhar com intencionalidade, fé e humildade.

Minha oração é que, ao ler cada página, seu coração seja aquecido e encorajado a prosseguir — firme na fé, fortalecida pelo amor e sustentada pela esperança. Que o Senhor use cada texto aqui para moldar não apenas a sua maternidade, mas todo o seu ser.

Com carinho,

Prisca Mendonça

Esposa do Luís e mãe do Asaph.
Teóloga, escritora e fundadora do Teologia Para Mulheres.

Amor,

por Bruna Luz

"Três coisas, na verdade, permanecerão: a fé, a esperança e o amor, e a maior delas é o amor."
(1Coríntios 13.13, NVT)

Por mais que tentemos, não é fácil definir o que é amor, porque ele é algo divino, muito além da nossa capacidade de compreensão. Contudo, podemos experimentá-lo e crescer no conhecimento do que é o amor à medida que nascemos de novo e avançamos no nosso relacionamento com Jesus.

Eugene Peterson,[1] na versão bíblica *A Mensagem*, descreve:

> "O amor nunca desiste. O amor se preocupa mais com os outros que consigo mesmo. O amor não quer o que não tem. O amor não é esnobe. Não tem a mente soberba. Não se impõe sobre os outros. Não age na base do "eu primeiro". Não perde as estribeiras. Não contabiliza os pecados dos outros. Não festeja quando os outros rastejam. Tem prazer no desabrochar da verdade. Tolera qualquer coisa. Confia sempre em

[1] Peterson, Eugene. **Bíblia Todo Dia**. 1ª edição. São Paulo: Editora Vida, 2023.

> Deus. Sempre procura o melhor. Nunca olha para trás. Mas prossegue até o fim." (1Coríntios 13.4-7)

Quando eu era criança, minha mãe gostava muito de ouvir a música Monte Castelo, inspirada no clássico soneto de Camões e na definição bíblica do apóstolo Paulo sobre o que é o amor, no capítulo 13 da primeira carta aos coríntios. Eu confesso que ouvia e gostava da melodia da música, mas só fui compreender a letra quando me tornei mãe.

Vivendo com intensidade a privação de sono e cuidando de um bebezinho que dependia totalmente dos meus cuidados para sobreviver e se desenvolver, entendi melhor o significado daquela canção.

Lembro-me de um episódio que marcou profundamente minha caminhada materna. Naquela fase eu já tinha três filhos sendo um deles um bebê recém-nascido. As madrugadas eram longas, entre mamadas e cuidados, o cansaço era grande e o sono escasso. Minha filha mais velha, com apenas quatro anos, ainda tinha alguns escapes de xixi noturno.

Certa noite, fui acordada por uma vozinha delicada: "Mamãe, vazou xixi". Ao ouvir aquelas palavras, minha primeira reação foi de frustração. Respondi impaciente: "Oh, Maria Clara, de novo?". Enquanto me queixava e a levava ao banho, o Espírito Santo me constrangeu com um pensamento: "Qual é a lembrança que você deseja que sua filha tenha destes momentos? A de uma mãe impaciente ou a de uma mãe que se entrega com um amor extravagante e capaz de amar até o que não é amável?".

Naquela madrugada fria, coloquei-a no banho quentinho e, com lágrimas de arrependimento, fui trocar a roupa de cama dela orando e decidida a fazer de cada "escape de xixi noturno" (que era desconfortável e indesejável tanto para mim como para ela) uma oportunidade de construir memórias de amor e cuidado em vez de culpa ou vergonha. A partir daquele dia, passei a agir com intencionalidade. Cuidava para que ela não exagerasse na água antes de dormir, certificava-me de que ia ao banheiro antes de se deitar, colocava um alarme para levá-la ao banheiro dormindo às 23h. Mas, se mesmo assim os escapes acontecessem, eu responderia com amor. Passei a dizer: "Está tudo bem, filha! Vamos para o seu banho quentinho". Enquanto ela se aquecia na água, eu trocava a roupa de cama, limpava tudo e fazia questão de falar para ela: "Vem aqui meu amor, está tudo bem! Vou te ajudar a vestir esse pijama cheirosinho!".

Os escapes ainda se repetiram muitas vezes e eu fui sendo transformada, eles foram oportunidades para que eu crescesse em amor. Essa mudança não foi fácil, mas foi necessária, pois amar de verdade é ser capaz de entregar-se assim como Jesus fez por nós na cruz. O verdadeiro amor não busca satisfação própria, mas o bem do outro. O amor é uma fonte de alegria, mas uma alegria que dói, pois combate nosso egoísmo. Como está escrito na Bíblia: "Desta forma conhecemos o que é o amor: Jesus Cristo deu a sua vida por nós, e devemos dar a nossa vida pelos nossos irmãos" (1João 3.16, NVI).

Jesus demonstrou seu amor através de sua entrega e, como mães, somos chamadas a refletir esse amor em nosso lar e na vida de nossos filhos. "Entretanto, a mulher será preservada por meio da maternidade se permanecer na fé, no amor e na santidade,

com bom senso" (1Timóteo 2.15, NVI). A maternidade é uma jornada que nos convida a morrer para nós mesmas e a viver para o outro. Mas é também uma jornada de transformação, onde aprendemos a amar de forma mais profunda, mais parecida com o amor de Deus por nós.

> Oração: Senhor, ensina-me a amar como tu amas, a servir sem esperar reconhecimento e a encontrar alegria na entrega. Que o breve tempo que tenho enquanto meus filhos estão comigo seja marcado pela alegria da entrega e disposição de amar, em vez de culpa e remorso por não ter amado o suficiente.

“O **verdadeiro amor** não busca satisfação própria, mas o bem do outro. O amor é uma fonte de alegria, mas uma alegria que dói, pois combate nosso egoísmo.”

Bruna Luz

Bondade,
por Nathalie Barros

"Provem e vejam como o Senhor é bom.
Como é feliz o homem que nele se refugia!"
(Salmos 34.8, NVI)

"Google, o que significa BONDADE?".[1] Resposta: "Qualidade de quem tem alma nobre e generosa e é naturalmente inclinado a fazer o bem; benevolência, benignidade, magnanimidade". Certo, agora o que a BÍBLIA diz sobre bondade? Muitas coisas! Uma delas me chamou a atenção e está em Provérbios 21.21 (ARA): "O que segue a justiça e a bondade achará a vida, a justiça e a honra". Já na definição do Dicionário Online de Português[2] está escrito que uma pessoa boa é naturalmente inclinada a fazer o bem, mas o próprio apóstolo Paulo afirma em Romanos 7 que o bem que queremos fazer, não fazemos e o mal que não

---

1 BONDADE. In OXFORD LANGUAGES. [S.I.], 2025. Disponível em: definir bondade - Pesquisa Google. Acesso em: 20 maio 2025.

2 BONDADE. In DICIO. Dicionário Online de Português. Porto: 7Graus, 2025. Disponível em: Bondade - Dicio, Dicionário Online de Português. Acesso em: 20 maio 2025.

queremos, esse fazemos. Diante de tantos conceitos, como definir bondade? Apenas seguindo a Cristo poderemos ter acesso a uma bondade genuína e não forçada.

Na maternidade, eu tive uma descoberta terrível. A "pessoinha" que mais me instiga a ser melhor, é a mesma que mais provoca a maldade que há em mim. Numa madrugada amamentando minha segunda filha, recebi uma mordida no mamilo e isso me provocou uma ira tão intensa que acordei meu marido e disse: "Pegue-a no seu colo porque é possível que eu a jogue na parede!". Pasmem, eu disse essas palavras! Uma mulher crente e que ama ser mãe é, acima de tudo, humana. Além disso, eu estava cansada. A restrição de sono pode enlouquecer uma pessoa. Aliado a isso, a dor física realmente nos tira do eixo e eu me vi sendo dominada pela natureza que inunda meu coração, a maldade. Ali, naquela madrugada, eu vivi na pele os dizeres que geralmente atribuem a Calvino: "Tudo o que você vê de bom em mim é Cristo. Tudo de mau sou eu mesmo".

Mas este capítulo não é sobre a maldade que há em mim, mas a bondade que Cristo tem a nos oferecer através do sacrifício diário que é ser mãe. O texto de Provérbios citado anteriormente diz que quem segue a justiça e a bondade terá vida, justiça e honra, o que é basicamente o sucesso na criação de um filho. Mas preste atenção num detalhe: isso é prometido a quem as segue, ou seja, não são virtudes que você alcança e elas se agarram facilmente a você, mas um ato de movimento contínuo. Precisamos nos esforçar para seguir a "rota". Ser mãe talvez seja um dos maiores atos de altruísmo que uma mulher pode viver nessa Terra, mas ainda assim esse estado pode carregar muito egoísmo. Logo, se a justiça e a bondade não estiverem em nós, cedo ou tarde seremos dominadas pela nossa má natureza e, quando se trata de filhos, nossas fraquezas e desvios de caráter não são apenas traços de personalidade, mas uma aula ambulante de como nossos filhos devem ser. Imitar-nos é o que eles fazem de melhor.

Você e eu podemos não ser mulheres naturalmente boas, mas o Senhor é especialista em nos amassar para extrair algo de bom. O próprio Jesus disse que não há ninguém bom a não ser Deus, então se quisermos alcançar essa característica dele, precisaremos nos inclinar e pedir, implorar se necessário. Como faremos isso? Acessando um manual que ele mesmo deixou, a sua Palavra! Muitas de nós estamos perdidas querendo ouvir a Deus e nem sequer consultamos o que ele já disse. É possível ser mãe sem viver uma vida cristã, mas é impossível apresentar Cristo aos nossos filhos sem andar com ele e saber o que espera de nós enquanto mulheres e mães.

Deus é bom quando não somos; ele é fiel quando não somos; ele é misericordioso quando não somos. Essas são verdades que precisam ecoar em nossa mente! Como então seremos não apenas boas mães, mas boas pessoas? Colocando em prática o mandamento de amar o outro como Cristo ama e vendo as necessidades do outro como tão ou mais importantes que as nossas. Não conheço nada que se pareça mais com a maternidade do que isso. Crianças são egoístas e querem ser servidas o tempo todo. E detalhe: sem oferecer "nada" em troca. Pronto! Aí está uma bela oportunidade de exercer a benevolência genuína.

Agora você deve estar se perguntando: "Mas, e como não ser má?". É simples: esforce-se para não ceder! Coloque seus impulsos diante de Cristo e seja vulnerável! Sempre que possível, peça ajuda (assim como pedi para meu esposo naquela madrugada), mas sempre, todas as vezes, conte com a ajuda do próprio Espírito Santo.

Oração: Deus, tu és bom e nós não somos. Torna-nos mais parecidas contigo e faze-nos entender que, sem a tua ajuda, nada podemos fazer, nem mesmo ser boas mulheres. Nós escolhemos a boa parte, estar aos teus pés, Pai santo e bondoso!

"Você e eu podemos não ser mulheres naturalmente boas, mas o Senhor é especialista em nos amassar para **extrair algo de bom**."

Nathalie Barros

Coragem,

por Bruna Luz

"Pois o Espírito que Deus nos deu não nos torna medrosos; pelo contrário, o Espírito nos enche de poder e de amor e nos torna prudentes."
(2Timóteo 1.7, NTLH)

A Bíblia define a maternidade como uma missão. Somos chamadas a responder com coragem assim que recebemos a graça de gerar — seja no ventre ou no coração. O medo do parto, os desafios financeiros, a responsabilidade de cuidar e educar cada filho, que é único, o trabalho em cooperação com o Espírito Santo para que eles sejam salvos, tenham uma identidade fortalecida e caminhem em direção ao propósito de Deus para suas vidas, são tarefas que fazem parte dessa missão.

Onde há coragem, não há medo. O medo, como está escrito em 1João 4.18, "pressupõe castigo" — e não, o Senhor não nos deu um castigo ao nos confiar os filhos. Ele nos deu um presente (cf. Salmos 127).

Lembro-me de quando estava grávida da minha primeira filha, Maria Clara. Com 12 semanas de gestação, fui com meu marido

para um exame de rotina, com a expectativa de descobrirmos o sexo do bebê. Contudo, o exame, que deveria ser simples e rápido, demorou além do esperado. O médico, em um silêncio absoluto que nos angustiava, examinava cuidadosamente as imagens. Perguntamos se já era possível saber o sexo do bebê, ao que ele respondeu: "Ainda não é possível saber o sexo, mas há uma alteração grave. Risco altíssimo de Síndrome do Cromossomo 18".

Meu marido e eu não fazíamos ideia do que isso significava, nem da gravidade daquele diagnóstico. Seguindo a orientação do médico, saímos dali e fomos conversar com minha obstetra, que nos explicou que essa era uma má formação genética severa. Se o bebê chegasse a nascer, viria com deformações no coração e em outras partes do corpo, viveria apenas algumas horas e depois morreria.

Questionamos a possibilidade de refazer o exame, mas ela respondeu: "Não vai adiantar! Esse é o diagnóstico, e eu sugiro que pensem na possibilidade do aborto. Nesses casos, a lei ampara, e será o melhor para vocês". Ficamos em choque, mas corajosamente respondemos: "Não! De jeito nenhum! Não iremos abortar por motivo algum".

Não foi fácil. Precisei de coragem para rejeitar o diagnóstico e o conselho da minha obstetra e, acima de tudo, confiar na bondade e soberania do Senhor. Precisei de coragem para renovar meus pensamentos e encher minha mente com as verdades da Palavra. A coragem me deixou inconformada. Refiz o exame e busquei opiniões de outros médicos. Não cedi ao medo e, após uma semana, pude ouvir do Dr. Eduardo Becker, especialista em medicina fetal: "O resultado é de festa!". Maravilhados, insistimos: "E quanto ao exame que fizemos na semana passada?". Ele respondeu: "Não posso mudar o que estou vendo! E o que vejo é que está

tudo perfeito com o bebê. Tenho mais uma notícia maravilhosa: vocês serão pais de uma menina!".

Nossa filha nasceu saudável e, há 11 anos, enche nossa família de doçura e alegria. Agora, imagine se eu tivesse me rendido ao medo?

Muitas vezes, a coragem nos levará a milagres e vitórias extraordinários, mas também precisamos de coragem para permanecermos inabaláveis no dia mau ou quando as coisas não saem como gostaríamos.

Quando engravidei do meu terceiro filho, comecei a ouvir com frequência: "Nossa, três filhos?! Corajosa!". Mas a coragem de uma mãe não está no número de filhos e, sim, na disposição de enxergá-los como Deus os enxerga, sem aceitar a mentalidade mundana que vê os filhos como um fardo ou castigo.

Uma mãe verdadeiramente corajosa não é aquela que tem superpoderes ou dá conta de tudo, mas aquela que depende do Deus que pode tudo. Mesmo diante dos desafios da maternidade, ela confia, descansa e é segura de que aquele que a escolheu também a capacita. Essa mãe não se conforma com conversas que mais parecem uma competição de sofrimento: "Nossa, essa noite não dormi nada! Que vida difícil!", "Ah, você não sabe o que é cansaço!", "Meu filho é muito difícil, não aguento mais!", "Isso porque você não conhece o meu! Ele é terrível!". Chamo esse tipo de conversa de "máfia das mães" — e não por se referir às pessoas.

Muitas vezes, é preciso coragem para desagradar os outros e seguir as próprias convicções na criação dos filhos. Outras vezes, é preciso coragem para não usá-los como desculpa para uma vida acomodada, colocando tudo na conta deles: "Cheguei atrasada porque tenho filhos pequenos" ou ainda: "Meu casamento não é mais o mesmo desde que me tornei mãe". Se os filhos são um presente

de Deus, eles não são uma pedra de tropeço. Pelo contrário, são um motivo a mais para nos tornarmos melhores.

Cada uma de nós tem a oportunidade de ser uma mãe corajosa como Joquebede, disposta a colocar seu filho "num cesto" para proteger sua vida. Como Ana, disposta a consagrar seu filho a Deus, cuidando e direcionando-o ao propósito. Como Maria, disposta a dizer: "Eis aqui a serva do Senhor; cumpra-se em mim segundo a tua palavra".

Que possamos abraçar nossa missão com força e coragem, confiantes de que nossos filhos não dão trabalho — eles são o nosso trabalho mais importante. Um trabalho com valor eterno.

> Oração: Senhor, que eu não me conforme com os padrões deste mundo, mas renova minha mente com as verdades da tua Palavra, para que eu consiga abraçar minha missão com força e coragem.

“Uma mãe
verdadeiramente
corajosa não é aquela
que tem superpoderes
ou dá conta de tudo,
mas aquela que
**depende do Deus
que pode tudo**.”

Bruna Luz

Disciplina,
por Bruna Luz

"O caminho dos justos é como a primeira
luz do amanhecer, que brilha cada
vez mais até o dia pleno clarear."
(Provérbios 4.18, NVT)

Em 2017, assisti a um documentário que apresentava os prejuízos da má alimentação, do sedentarismo e do excesso de telas para o desenvolvimento das crianças.

Naquela ocasião, minha filha mais velha estava prestes a completar quatro anos e eu levava uma vida sedentária, tinha uma alimentação desregrada e era preocupante pensar: "Meus filhos serão muito mais do que eu sou, do que o que desejo pra eles". Eu entendi que era necessário mudar e isso significava que eu precisava trocar meus hábitos. Não foi fácil porque os bons hábitos exigem que você tenha a maior de todas as forças, a força de vontade.

Acontece que, se não fosse eu, quem seria? Apenas eu poderia "ser a mudança" de que meus filhos precisavam. E consciente de que seria impossível mudar radicalmente da noite para o dia, eu me comprometi com pequenas mudanças mensuráveis

e que, uma vez consolidadas, me deram forças para subir o próximo degrau. Foi como se eu tivesse tido uma revelação do que diz a Bíblia: "O caminho dos justos é como a primeira luz do amanhecer, que brilha cada vez mais até o dia pleno clarear" (Provérbios 4.18, NVT).

É um processo contínuo de transformação, no qual vamos nos tornando melhores a cada dia. Ao contrário do que diz o ditado "quando nasce um bebê, nasce uma mãe", a maternidade é muito mais sobre progressão do que sobre perfeição.

De acordo com o Google, disciplina[1] significa ordem, conduta que assegura o bem-estar dos indivíduos ou o bom funcionamento. Ou seja, a disciplina não é um fardo, mas um caminho para uma vida mais harmoniosa e feliz.

Nossos filhos precisam de ordem para crescerem saudáveis física, emocional, intelectual e espiritualmente. Uma rotina bem estruturada dá a eles previsibilidade e segurança. Crianças que sabem o que esperar do seu dia se sentem mais tranquilas, mais confiantes e menos propensas a episódios de birras. A disciplina traz paz para o lar e impede que as mães se sintam perdidas ou sobrecarregadas diante das inúmeras responsabilidades do dia a dia. Quando há um ritmo bem estabelecido, sobra espaço para desfrutar dos filhos em vez de viver apenas apagando incêndios.

Além disso, a disciplina é um caminho para um casamento forte. Quando há ordem no lar, o casal consegue ter tempo para desfrutar um do outro. A mãe que abraça a disciplina também consegue encontrar tempo para desenvolver novas habilidades e crescer em outras áreas.

---

1 DISCIPLINA. In OXFORD LANGUAGES. [S.I.], 2025. Disponível em disciplina significado - Pesquisa Google. Acesso em: 20 maio 2025.

Para a formação espiritual dos filhos, a disciplina é essencial. Assim como precisamos de hábitos saudáveis para o corpo, também precisamos para a alma. O tempo com Deus, a leitura da Bíblia e a oração são alicerces que sustentam nossa caminhada. Muitas mães acreditam que, para terem uma vida espiritual sólida, precisam de longos períodos de estudo e atividades complexas, mas a verdade é que a constância diária vale muito mais do que a intensidade esporádica. É por isso que gosto de aplicar o lema: "15 minutos todos os dias valem mais do que uma hora de vez em quando".

A disciplina não nos aprisiona, mas, sim, nos conduz à liberdade. "Fazer uma escolha 1% melhor ou 1% pior parece insignificante no momento, mas, ao longo dos momentos que compõem uma vida, essas escolhas determinam a diferença entre quem você é e quem você poderia ser. O sucesso é produto de hábitos diários — não de transformações únicas."[2] E quando olhamos para a maternidade, percebemos que ela nos oferece a oportunidade diária de crescer, de sermos melhores do que fomos ontem e de ensinar pelo exemplo. Afinal, mais do que palavras, nossos filhos aprendem com o que vivemos.

Muitas vezes, sentimentos e pensamentos enganosos tentam nos convencer de que não somos disciplinadas o suficiente ou de que não conseguiremos mudar. Mas a Palavra de Deus nos garante o contrário. Não somos reféns de nossas limitações, pois fomos criadas à imagem e semelhança do Deus que nos capacita. Podemos caminhar em disciplina não por força própria, mas pela graça que ele nos concede através do Espírito Santo.

Uma confissão que faço diariamente e que tem renovado minha mente, ajudando-me a caminhar em vitória, é esta: "eu sou

2 Clear, James. **Hábitos atômicos**. 1ª edição. Rio de Janeiro: Alta Life, 2019.

filha amada de Deus, feita à imagem e semelhança do meu Pai de amor" (cf. 1João 3.1; Gênesis 1.27); "eu posso todas as coisas com a ajuda de Cristo que me fortalece" (cf. Filipenses 4.13); "eu devo exercer minha missão de mãe buscando minha santificação, crescendo em fé e amor" (cf. 1Timóteo 2.15); "eu vou correr com perseverança a carreira que me foi proposta, com os olhos fixos em Jesus" (cf. Hebreus 12.1-2).

Tenha certeza de que quando perseveramos, ainda que sem vontade, estamos plantando sementes que, no tempo certo, frutificarão (cf. Gálatas 6.9).

> Oração: Senhor, ajuda-me a discernir o tempo que tenho com meus filhos para desenvolver essa preciosa virtude da disciplina.

“Não somos reféns de nossas limitações, pois fomos criadas à imagem e semelhança do Deus que nos capacita. Podemos **caminhar em disciplina** não por força própria, mas pela graça que ele nos concede através do Espírito Santo.”

Bruna Luz

Esperança,

por Laila Coelho

"Todo louvor seja a Deus, o Pai de nosso Senhor Jesus Cristo. Por sua grande misericórdia, ele nos fez nascer de novo, por meio da ressurreição de Jesus Cristo dentre os mortos. Agora temos uma viva esperança e uma herança imperecível, pura e imaculada, que não muda nem se deteriora, guardada para vocês no céu."

(1Pedro 1.3-4, NVT)

A esperança tem um nome e, para ser mais específica, ela é uma pessoa: JESUS! Sim, ele veio e morreu por nós, para ser a nossa viva e real esperança, o nosso alvo. Se eu pudesse escolher uma virtude para ser a minha favorita, seria essa. Quando olho a palavra esperança, conecto-me imediatamente com Cristo. A palavra esperança nos traz à memória a presença do Senhor. Seja qual for o momento, é ela que nos encoraja a lutar ao receber um diagnóstico; é nela que acreditamos quando estamos esperando algo em Deus, seja um marido, um emprego, um filho; é para ela que damos as mãos quando tudo já se esgotou e

não vemos mais saída. A virtude da esperança nos estimula a não esmorecermos e permanecermos fazendo o bem, seguindo os princípios bíblicos, enfrentando as dificuldades e rompendo em fé.

Ao longo da minha vida, e também na maternidade, eu vivi muitas circunstâncias que me fizeram crer que a esperança era meu único fio de sustentação. Quando somos mães, vivemos grandes desafios desde a gestação. Depois, amamentação, introdução alimentar, sono, educação e criação dos filhos, adolescência, trabalho de casa, ensinar os filhos, dedicar-se à família. Em todas essas situações, por vezes, vemo-nos sem esperança. É nessa hora que devemos nos apegar a Cristo.

Na minha segunda gestação, sofri um grande incidente que me deixou completamente devastada. Descobrimos a gravidez em uma sexta-feira, por conta de um atraso no fluxo menstrual, e ficamos em êxtase!

Na segunda-feira da semana seguinte, fui fazer o exame de sangue e estava tudo perfeito, até que na terça à noite, colocando o Giuseppe, meu primeiro filho, no berço para dormir, tive um sangramento. Meu mundo parou! Fiquei desesperada, o medo dominou minha mente e coração e, automaticamente, a desesperança veio. Muito triste, mandei mensagem para a minha médica e ela me disse que precisaríamos acompanhar e entender se foi um fato isolado ou se teria continuidade. Porém, deveríamos aguardar mais alguns dias para fazer um exame de imagem, pois, por ser uma gestação bem recente, era provável que não conseguíssemos ver nada e ficássemos ainda mais nervosos.

Assim eu fiz. Esperamos por volta de uma semana e chegou o dia do exame. Conseguimos ouvir o coração do meu filho de forma perfeita! O saco gestacional estava lá. Tudo certo! Porém, houve um descolamento e estava com um hematoma significativo. Embora

estivesse tudo bem com o bebê, entramos com alguns cuidados específicos e muita, mas muita oração, esperança e fé, de que Deus estava no controle de todas as coisas e de que tudo daria certo.

Acompanhamos de forma cautelosa e, no exame seguinte, o descolamento ainda estava lá, mas seguimos firmes e fortes, rompendo em fé. Quando fizemos o primeiro morfológico, eis que a médica diz: "Nossa! Que útero lindo, placenta 10 de 10". Parecia que ela estava vendo o exame de outra pessoa. Depois de uns três exames que ainda não estavam nada bem, receber essa informação… nessa hora eu me emocionei tanto! Expliquei a ela que tive um descolamento e sangramento bem no começo da gestação, ao que ela afirmou: "Se tinha, não tem mais!". Nossa! Como fiquei feliz e grata. Ali mesmo já comecei a agradecer a Deus por mais essa bênção.

E foi tendo experiências como essas que eu vi literalmente a mão de Deus me sustentando e me fazendo crer que vale a pena se agarrar à esperança, virtude que aprendi a desenvolver desde cedo, lidando com tantas perdas. Foi a ela que me uni ao longo da minha jornada de fé, quando meus pais faleceram e, ainda jovem, me tornei órfã nessa Terra. É ela que nos anima quando trazemos certas coisas à lembrança: "Quero trazer à memória o que me pode dar esperança" (Lamentações 3.21, ARA).

Quero lhe dizer que, ao longo da sua vida, em diversas situações, você vai encarar momentos que a farão se agarrar à esperança como se fosse a sua única certeza. Eu a encorajo a focar nisso e, ainda que você esteja vivendo agora um momento extremamente desafiador, que possa desenvolver essa virtude no seu coração, crendo que a esperança é Cristo.

Sabe quando estamos com um bebê recém-nascido e nos sentimos completamente cansadas, acreditando que nunca mais

poderemos dormir na vida? Seja por quatro horas seguidas, ou quem dirá uma noite inteira! Ou quando você já tem seus filhos adolescentes e precisa educá-los nos caminhos do Senhor em um mundo tão pervertido que estimula em todo tempo o uso de telas e a ter uma vida de libertinagem? É desesperador, eu sei, porém o Senhor vai nos dando estrutura, discernimento e sabedoria. Tenha a esperança para além desta vida terrena! Aqui, nosso corpo irá padecer, mas nosso foco é a vida eterna. A esperança também foi minha aliada em todo meu processo de espera em Deus.

Ainda que você tenha vindo de uma família disfuncional, busque auxílio em Deus para curar suas feridas, para que os seus filhos não padeçam e sofram das mesmas dores que você. Avance e seja o exemplo que em muitos momentos você não teve. Faça a sua parte estando aos pés da cruz que o Senhor se encarregará do restante, e nunca perca essa grande virtude que é a esperança.

Oração: Meu Paizinho, ajuda-me a encontrar esperança mesmo em meio ao caos. Mesmo que eu não consiga ver uma luz no túnel, faze-me enxergar que a verdadeira luz és tu, Senhor! Faze-me ver que és tu quem governa a minha vida e me leva em direção à tua vontade para mim.

“Tenha a esperança para além desta vida terrena! Aqui, nosso corpo irá padecer, mas nosso foco é a vida eterna.”

Laila Coelho

Fortaleza,

por Chelsey Costa

"Ele, porém, me disse: 'A minha graça é suficiente para você, pois o meu poder se aperfeiçoa na fraqueza'. Portanto, eu me gloriarei ainda mais alegremente nas minhas fraquezas, para que o poder de Cristo repouse em mim. Por isso, por Cristo, alegro-me nas fraquezas, nos insultos, nas privações, nas perseguições, nas angústias; pois, quando sou fraco, então é que sou forte."

(2Coríntios 12.9-10, NVI)

A fortaleza bíblica é frequentemente descrita como o reconhecimento dos nossos próprios limites humanos e a confiança em Deus para obter ajuda espiritual, emocional, física e moral. Como vemos no versículo bíblico acima, somos lembradas de que a verdadeira força não vem dos nossos próprios esforços, mas da presença fortalecedora de Deus. Não se trata apenas de força física, mas de aprender a nos mantermos firmes no que é correto, mesmo diante das dificuldades. No contexto da maternidade, essa virtude é especialmente vital, uma vez

que as mães enfrentam os desafios e sacrifícios constantes da educação dos filhos.

A verdadeira força é a capacidade de resistir às pressões de um mundo que, muitas vezes, desvaloriza a maternidade. Na sociedade atual, as mulheres que se casam e optam por ter filhos — especialmente famílias mais numerosas — são, por vezes, menosprezadas ou rejeitadas. A força encontra-se na firmeza da fé na beleza e santidade da vida, particularmente numa época em que a vida das crianças por nascer é muitas vezes ignorada. Como mães, encaramos inúmeros desafios culturais, e é crucial aprender a enfrentar essas complexidades. Felizmente, a Bíblia nos oferece palavras sábias sobre como cultivar essa virtude.

Maria, a mãe de Jesus, é um exemplo poderoso desse tipo de força. Quando o anjo Gabriel lhe apareceu, anunciando que ela daria à luz o Filho de Deus, Maria tinha plena consciência do potencial de escândalo. Ela era solteira e as repercussões sociais da sua gravidez poderiam ser graves. No entanto, a sua confiança em Deus permitiu-lhe responder com obediência e confiança na proteção do Senhor. Em Lucas 1.38, ela declara: "[...] Sou serva do Senhor; que aconteça comigo conforme a tua palavra [...]". Essa resposta personifica a verdadeira força: é a vontade inabalável de dizer "sim" ao chamamento de Deus, sabendo que, embora a tarefa possa parecer impossível, a vontade de Deus será cumprida na sua vida — e ele providenciará a força para resistir aos ataques oriundos da obediência.

Alguma vez você já teve um momento no seu percurso de mãe no qual sentiu que suas forças tinham se esgotado completamente — física, mental e emocionalmente? Talvez tenha sido durante as noites sem dormir, nas exigências domésticas avassaladoras ou quando os seus filhos pareciam precisar de você 24 horas por dia, sete dias por semana.

Qualquer que seja a fase da maternidade em que você se encontre neste momento, todas nós já chegamos a um ponto em que sentimos que estamos por um fio. A maternidade tem uma forma única de revelar as nossas fraquezas, mas eu percebi que Deus não as usa contra nós. Pelo contrário, ele as usa para nos aproximar dele e nos ensinar a confiar na sua força.

Depois de ter seis filhos e de ter passado por inúmeros momentos de fraqueza, estou mais convencida do que nunca de que o plano de Deus é usar os nossos filhos para aprofundar a nossa dependência dele. Em vez de deixarmos que os desafios da maternidade nos afastem de Deus, podemos deixar que eles nos levem a procurá-lo com mais fervor. Sejam quais forem as dificuldades que surjam, adotemos a atitude de Maria e digamos: "Sim, Senhor, seja feita a tua vontade".

Se não permitirmos que Deus trate das nossas fraquezas, arriscamo-nos a sucumbir à culpa, à frustração, à raiva e ao desânimo. No passado, acreditava que mostrar as minhas vulnerabilidades aos meus filhos iria desencorajá-los. Como eu estava errada! Embora seja importante sermos sábias na forma como revelamos as nossas dificuldades, há momentos em que temos de ser modelos de humildade para os nossos filhos. Se perdi a calma, levantei a voz ou disse algo de que me arrependo, aprendi a ajoelhar-me, desculpar-me e pedir perdão.

Passei a me dar conta de que, quando mostro a minha humanidade, os meus filhos sentem alívio por poderem se relacionar comigo. Queremos que os nossos filhos compreendam isto: "Se a mamãe é fraca, pede perdão e pede ajuda a Deus, então eu posso fazer o mesmo. Não estou sozinho nas minhas dificuldades e Deus me dará força". Como Jesus disse: "Eu sou a videira, e vocês, os ramos. Se alguém permanecer em mim, e eu permanecer nele, esse dará muito fruto; pois sem mim vocês não podem fazer nada" (João 15.5, NVI).

Não são apenas os nossos filhos que são necessitados — nós também somos. Quando reconhecemos as nossas próprias necessidades e nos voltamos para Cristo em busca de força, encontramos alegria, poder e resistência. As nossas fraquezas nos ligam a Jesus, permitindo-nos permanecer nele. Esta é uma verdade poderosa: os desafios da maternidade não são apenas fardos, mas são dádivas! Eles nos ajudam a ver claramente as nossas próprias fraquezas e a experimentar a força inesgotável do nosso Salvador.

A maternidade nunca teve a ver com a nossa capacidade de sermos perfeitas ou autossuficientes. Todos os aspectos da nossa vida, incluindo a maternidade, são orquestrados pela graça de Deus para a sua glória. Ele sabia que, tal como a própria vida, a maternidade nos levaria ao fim dos nossos recursos próprios. É por isso que ele criou uma forma de experimentarmos a alegria, de entregarmos as nossas forças e descansarmos nele.

Esta é a esperança do Evangelho: a fraqueza humana não equivale a uma desvantagem espiritual. Todos nós somos fracos, mas aqueles que reconhecem a sua fraqueza e confiam na força de Deus são os verdadeiramente fortes. Como diz Dave Furman,[1] "contentar-se com fraquezas, dificuldades, perseguições e calamidades — tudo por causa de Cristo — é força".

Agostinho de Hipona defende que a verdadeira força não reside no esforço ou no poder humano, mas encontra-se na graça de Deus e na obra transformadora do Espírito Santo nos cristãos. Para Agostinho,[2] a força transcende a mera coragem física; é uma fortaleza moral e espiritual que capacita os indivíduos a

[1] FURMAN, Dave. The Strength of Your Weaknesses. Disponível em: The Strength of Your Weaknesses | Desiring God. Acesso em: 20 maio 2025. (Tradução nossa)

[2] AGOSTINHO, Santo. **A cidade de Deus**. Trad. Oscar Paes Leme. Petrópolis: Vozes, 2012. Parte 2.

suportar provações, perseverar na fé e enfrentar o mal ou o sofrimento na busca da justiça. Nesse contexto, a força não é autossuficiência, mas uma submissão à vontade de Deus e uma vontade de ser moldada pela graça divina.

Para as mães, a força bíblica reflete-se na sua capacidade de desempenhar o seu papel com amor e perseverança. Envolve nutrir a vida, ensinar valores e orientar os filhos enquanto enfrentam as muitas provações da vida — sejam elas físicas, emocionais ou espirituais. Essa virtude também está enraizada numa profunda confiança na graça e na sabedoria de Deus, uma vez que as mães procuram continuamente a orientação divina na jornada materna. A mensagem da força bíblica é clara: não se trata de evitar a luta, mas suportá-la com esperança, compaixão e confiança no plano de Deus. Para as mães, essa virtude permite que sejam âncoras para as suas famílias, moldando as mesmas qualidades de fé, resistência e amor que se encontram por toda a Bíblia.

> **Oração:** Pai Celeste, nossa fonte de força, achegamo-nos a ti em nossa fraqueza, cansadas do peso da maternidade e das demandas da vida. Em nossas pressões e sacrifícios ocultos da maternidade, lembra-nos de que nunca deveríamos carregar nosso fardo sozinhas. Obrigada por nos lembrar que a força real não é encontrada em nossa luta, mas em nossa rendição. Ajuda-nos a lembrar que nossas limitações são um convite para depender da comunhão contigo. Se chegarmos ao fim das nossas forças, ensina-nos a descansar na tua força. Ajuda-nos a ver a nossa fraqueza não como uma vergonha, mas como um solo sagrado — onde tu, Senhor, fazes o teu trabalho mais profundo. Que venhamos a exercer nossa maternidade não pela força ou violência, mas pelo teu Espírito. Em nome de Jesus oramos, amém!

“A maternidade tem uma forma única de revelar as nossas fraquezas, mas eu percebi que Deus não as usa contra nós. Pelo contrário, ele as usa para nos aproximar dele e nos ensinar a **confiar na sua força**.”

Chelsey Costa

Generosidade,
por Vitoria Reis

"Nisto conhecemos o amor: que Cristo deu a sua vida por nós; portanto, também nós devemos dar a nossa vida pelos irmãos. Ora, se alguém possui recursos deste mundo e vê seu irmão passar necessidade, mas fecha o coração para essa pessoa, como pode permanecer nele o amor de Deus? Filhinhos, não amemos de palavra, nem da boca para fora, mas de fato e de verdade."

(1João 3.16-18, NAA)

A virtude da generosidade com base na Bíblia vai muito além de dar algo, ela nos convida a nos dar a nós mesmas. A generosidade é a entrega de si, uma entrega que custa e que é feita sem interesses, com base no amor.

Aprendemos sobre a generosidade com o próprio Cristo, uma vez que, através de seu exemplo, Jesus nos convida a entregar a nossa vida em benefício do nosso próximo.

Não há melhor escola para a mulher aprender sobre generosidade, senão na maternidade. A maternidade expõe, sem filtro, a miséria do nosso egoísmo mais profundo.

É na maternidade que percebemos a verdade nua e crua de que, sem Cristo, não somos capazes de dar sem interesse. É impossível cuidar de um bebê sem se desprender do egoísmo de esperar reconhecimento pelo trabalho desempenhado e os parabéns em troca. Esse reconhecimento não acontecerá.

É necessário dar e se doar, sem recompensa imediata, crendo com confiança que nosso galardão é, antes de tudo, eterno e celestial.

A maternidade é um convite de Deus para desenvolvermos essa virtude tão profunda e, certamente, isso custará muito de nós.

Vencer o egoísmo será a etapa mais difícil, pois não basta aprendermos que devemos ser generosas, precisamos vencer o vício pecaminoso de colocar o nosso conforto e vontades próprias em primeiro lugar.

Sempre que agimos de maneira egoísta, estamos, na verdade, buscando uma forma de nos poupar, de ceder menos, de ter mais para nós. Esse é um vício que deverá ser combatido com afinco até o fim dos nossos dias.

Apenas com o auxílio do Espírito Santo seremos capazes de servir a nossa família generosamente, com amor genuíno e altruísta. E apenas sob sua santa direção poderemos conduzir os nossos filhos no mesmo caminho, e essa tarefa não será nada fácil.

O egoísmo pode ser reconhecido em nossos filhos desde a mais tenra idade, e logo em suas primeiras palavras já ouviremos o famoso "é meu" saindo, muitas vezes em lágrimas, de suas pequenas boquinhas.

Eles logo começam a perceber que devem aprender desde cedo que ceder e se doar dói mesmo, mas eleva o nosso caráter e desenvolve em nós essa virtude tão preciosa.

A generosidade vai além do dar-se ou doar algo. É impossível testemunhar essa virtude em nossa vida se não houver evidências claras de compartilhamento. É necessário dar!

Esse compartilhar não se reduz a dinheiro, embora muitos pensem que a única forma de sermos generosos é ofertando nossos recursos monetários. A generosidade nos convida a ir muito além. Ela nos convoca a dar a nossa vida também com o nosso tempo, atenção e serviço, uma doação integral.

É apenas desenvolvendo a virtude da generosidade que poderemos viver o que a Palavra nos diz: "Então Jesus disse aos seus discípulos: — Se alguém quer vir após mim, negue a si mesmo, tome a sua cruz e siga-me. Pois quem quiser salvar a sua vida a perderá; e quem perder a vida por minha causa, esse a achará" (Mateus 16.24-25, NAA).

Oração: Senhor Deus, auxilia-me a me doar diariamente como tu nos ensinaste em tua Palavra. Livra-me de mim mesma, do egoísmo, da autocomiseração, da preguiça. Eu quero me entregar generosamente, de modo que meu serviço glorifique o teu nome. Eu não quero apenas dar coisas, mas dar a mim mesma. Em nome de Jesus, amém!

"Sempre que agimos de maneira egoísta, estamos na verdade buscando uma forma de nos poupar, de ceder menos, de ter mais para nós. **Esse é um vício que deverá ser combatido** com afinco até o fim dos nossos dias."

Vitoria Reis

Humildade,

por Vitoria Reis

"Bem-aventurados os pobres em espírito,
porque deles é o Reino dos Céus."
(Mateus 5.3, NAA).

A virtude da humildade é a base para as demais virtudes, pois é a partir dela que Jesus escolhe iniciar o sermão mais importante da história, o Sermão do Monte, mostrando-nos que feliz é aquele que reconhece sua verdadeira carência, que não é momentânea, mas eterna!

Ser humilde é, antes de tudo, ter um conhecimento correto de si, considerando nossa realidade não apenas terrena, mas sobretudo espiritual. A virtude da humildade nos livrará de ter um conceito superior de nós mesmas, e também um conceito inferior.

Alguns confundem humildade com pobreza material, ou pobreza de autoestima, quando, na verdade, trata-se de uma pobreza de espírito, um reconhecimento profundo da necessidade de Deus.

Se temos a virtude da humildade desenvolvida em nós, reconhecemos que estamos sempre muito melhor do que merecemos, pois, na verdade, merecíamos a morte e a condenação, mas ele, por sua infinita bondade, alcançou-nos e nos deu vida.

A humildade é vital na caminhada da maternidade, pois é impossível viver o chamado da maternidade sem a dependência completa daquele que nos chamou. Muitas mães reclamam da maternidade, pois estão tentando viver uma vocação dada por Deus, mas fazendo isso sem a presença dele. Como mães, precisamos reconhecer humildemente que carecemos completamente do auxílio do Senhor, caso contrário, pereceremos.

Para além da dependência de Deus, é impossível viver uma maternidade leve sem a humildade de reconhecer que precisamos também da ajuda do nosso próximo. Não somos perfeitas e não podemos entrar na jornada da maternidade achando que sabemos como tudo deve ser ou acontecer. O final dessa postura nós sabemos, é frustração, cansaço excessivo, peso e lágrimas solitárias.

A virtude da humildade nos ensinará a reclamar menos e a pedir ajuda quando necessário. Se insistirmos no orgulho, seremos pouco a pouco consumidas.

A humildade também nos auxiliará a reconhecer os nossos erros. Quantas vezes já erramos e ainda erraremos como mães? Às vezes, o alvo é o nosso cônjuge ou as pessoas que nos auxiliam e, na maioria das vezes, os alvos são os nossos próprios filhos. Será que arriscaremos perder a alma deles pela incapacidade de reconhecer que erramos, que falhamos e que, por vezes, precisamos voltar atrás?

Se, de fato, a virtude da humildade e a pobreza de espírito estão desenvolvidas em nós, teremos de pedir perdão, teremos de pedir ajuda, teremos de recalcular a rota.

Certa vez, eu precisei pedir perdão a um de meus filhos pela forma que havia falado com ele no momento da execução de uma atividade. O momento passou e, pouco depois, o Espírito Santo me confrontou profundamente, meu coração foi rasgado, minha

miséria foi revelada, e eu precisei me humilhar, não diante de meu filho, mas diante de Deus.

Após refletir sobre minha atitude e sondar meu coração, fui pedir perdão ao meu filho. Foi um momento difícil, pois precisei me deparar com um coração ainda cheio de orgulho, doeu reconhecer que, mesmo sendo a mãe, eu tinha errado e pecado diante de Deus, mas ali a graça do Senhor se manifestou e houve leveza após a humilhação.

E é assim, humilhando-nos debaixo da poderosa mão do Senhor, que alcançamos o verdadeiro êxito, que é glorificar a Deus através da nossa maternidade, mesmo que isso envolva abrir mão do nosso ego. Através de uma postura humilde, nossos filhos aprenderão a importância de reconhecer suas misérias e a dependência que precisam ter de Deus.

Permita que seus filhos a vejam reconhecendo que, sem Deus, não somos nada, que ele é tudo o que há de bom em nós! Essa jornada não é fácil pois, na maioria das vezes, queremos demonstrar aos nossos filhos que não temos fraquezas, mas um fato certo é que muito cedo eles perceberão a verdade, e que ela possa sempre apontar para a perfeição do sacrifício de Cristo.

A humildade é o único caminho para não usurpar a glória que pertence a Deus, e a Deus somente! Como a Bíblia diz: "Porque dele, e por meio dele, e para ele são todas as coisas. A ele seja a glória para sempre. Amém!" (Romanos 11.36, NAA).

Oração: Senhor Deus, eu dependo completamente de ti para seguir adiante. Reconheço minhas carências e também sei que, sem ti, Senhor, eu não posso fazer nada. Peço que me auxilies a viver com humildade, não só nas minhas ações, mas, sobretudo, em meu coração. Que através da humildade demonstrada em meus dias, meus filhos possam compreender o quanto dependemos de ti. Em nome de Jesus, amém!

“Para além da
dependência de Deus,
**é impossível viver
uma maternidade
leve sem a humildade**
de reconhecer
que precisamos
também da ajuda
do nosso próximo.”

Vitoria Reis

Integridade,

por Laila Coelho

"Quem anda com integridade anda com segurança, mas quem segue veredas tortuosas será descoberto."

(Provérbios 10.9, NVI)

A integridade tem como significado a qualidade ou estado de alguém que é íntegro, que possui conduta reta, ética, justa, honesta. Integridade é sinônimo de honestidade, retidão, imparcialidade.

Quando lemos na Bíblia a palavra integridade, lembramos automaticamente de Cristo, de quem ele é: fiel, justo e verdadeiro. Uma pessoa íntegra é agradável de se ter por perto, pois é correta mesmo diante das tribulações e desafios do dia a dia. Infelizmente, a integridade é uma virtude que pouco vemos nos dias de hoje. A exposição à internet trouxe uma gama de vidas "*fakes*", evidenciando assim uma diminuição de atitudes realmente íntegras. É claro que não estamos imunes a erros, somos pecadoras, mas devemos ser humildes de coração e buscar ser íntegras em tudo o que fizermos.

Na maternidade, em todo tempo, precisamos lidar com nossa identidade e verdade. Somos diariamente bombardeadas com dezenas de informações: BLW (método de introdução alimentar), papinha, fórmula, leite materno, cesárea ou parto normal. Ufa! Em todo tempo, precisamos ter nossa mente no lugar e nos manter fiéis àquilo que acreditamos, ainda que mordamos a língua por termos dito algo no passado que nunca faríamos. A maternidade íntegra é a maternidade real e verdadeira.

Acredito que um bom exemplo da integridade que devemos ter como mães é trazer a honestidade em todo tempo aos nossos filhos, isto é, sermos fiéis naquilo que decidirmos. Quantas vezes, enquanto filhas, recebemos promessas que não foram cumpridas, como a clássica: "Na volta a gente compra!". E essa volta nunca aconteceu. Ou então: "Se você se comportar direitinho, eu deixo você brincar até tarde!". E assim vamos criando, sem querer e sem saber, algumas verdades que, na realidade, são mentiras em que passamos a acreditar. Aos poucos, formamos nossas crenças, nossa identidade, nossos princípios e nossos valores baseados em saberes mentirosos.

Que nós, mães reais, possamos sempre vigiar para que nossos defeitos não ecoem em nossos filhos, e que eles possam se tornar pessoas íntegras, seguras, honestas e comprometidas com a Verdade. Que possamos cumprir o que prometemos.

Na criação dos nossos filhos, por mais difícil que seja, o melhor é sermos verdadeiras e honestas, ainda que isto possa causar-lhes uma frustração momentânea. Temos a responsabilidade de ensinar habilidades e virtudes sociais aos nossos filhos, dando suporte, acolhimento, carinho e amor, ainda que eles estejam frustrados ou tristes. Nós somos o colo e o ouvido presentes em meio à turbulência até o último dia da nossa vida.

Que Deus seja nosso grande alicerce. Creio que um dos maiores desafios que temos na Terra é criar, ensinar, educar, amar, cuidar e proteger um ser humano nos caminhos do Senhor. Sigamos com fé e integridade.

Que a Palavra de Deus esteja enraizada em nosso coração: "Ensina a criança no caminho em que deve andar, e, ainda quando for velho, não se desviará dele" (Provérbios 22.6, ARA).

> **Oração:** Senhor, meu Deus e meu Pai, que eu me comporte de forma reta e honrosa, que nada do que aconteça possa me amedrontar a ponto de manchar a minha integridade. Que eu seja uma referência de mulher de Deus e mãe fiel aos teus princípios e que a minha família seja um testemunho vivo de quem tu és.

"Na criação dos nossos filhos, por mais difícil que seja, **o melhor é sermos verdadeiras e honestas**, ainda que isto possa causar-lhes uma frustração momentânea."

Laila Coelho

Justiça,

por Chelsey Costa

"Ele mostrou a você, ó homem, o que é bom e o que o Senhor exige de você: pratique a justiça, ame a lealdade e ande humildemente com o seu Deus."

(Miqueias 6.8, NVI)

A intenção de Deus para o mundo é de paz, bondade e justiça. Isso fica evidente quando examinamos o conceito bíblico de justiça. O nosso Criador deseja que todas as pessoas sejam tratadas com bondade, respeito e justiça. Como suas representantes na Terra, somos chamadas a incorporar a sua definição de bondade e trabalhar para cumprir o seu propósito sagrado.

A justiça é uma virtude fundamental que reflete a natureza de Deus. O filósofo cristão Agostinho de Hipona nos ajuda a compreender esse fato salientando que a verdadeira justiça não pode existir sem uma relação com Deus, uma vez que os seres humanos são feitos à sua imagem. Dada a pecaminosidade humana, deve existir um padrão perfeito e absoluto de justiça, e a justiça humana deve esforçar-se por refletir esse padrão divino.

Agostinho[1] argumenta que a verdadeira justiça está arraigada no amor — tanto por Deus como pelo próximo. Em outras palavras, não há amor sem justiça.

No entanto, devido ao pecado, a humanidade ficou aquém do padrão perfeito da justiça de Deus. A boa notícia é que a Bíblia fornece orientação para transitar por um mundo quebrado e injusto, mostrando-nos como promover a justiça. Essa orientação é, particularmente, importante para as mães, especialmente na educação dos filhos numa geração que se deixa levar pelas emoções. A nossa cultura atual dá ênfase ao amor e à aceitação, muitas vezes em detrimento da justiça. Essa mudança cultural pode criar dilemas para as mães à medida que enfrentam a tarefa complexa de criar os filhos com amor e um forte sentido de justiça.

Uma área em que as mães podem encontrar dilemas morais de justiça é a do favoritismo. É natural que uma mãe crie uma ligação mais forte com um filho do que com outro, devido a diferenças de temperamento, personalidade ou interesses em comum. Uma mãe pode esforçar-se por equilibrar seu afeto, tempo e recursos entre os seus filhos, mas isso pode, por vezes, levar a sentimentos de injustiça, especialmente se um filho receber mais atenção do que os outros. Temos um exemplo pungente dessa dinâmica na história bíblica de José, que foi favorecido por seu pai entre seus irmãos, resultando em ciúmes e conflitos dentro de sua própria família.

Então, como é que uma mãe pode equilibrar os seus deveres para com cada criança de forma justa, sem mostrar favoritismo? Cada criança é única, com a sua própria personalidade

---

[1] Agostinho, Santo. **A cidade de Deus**. Trad. Oscar Paes Leme. Petrópolis: Vozes, 2012. Parte 2.

e necessidades, uma diversidade que é intencional e significativa numa perspectiva cristã. A justiça, nesse contexto, exige equidade — tratar cada criança com cuidado e respeito, mas não, por certo, exatamente da mesma forma. A resposta justa para uma mãe é reconhecer e honrar a individualidade de cada criança, assegurando de que todas sejam tratadas com dignidade, independente dos seus diferentes temperamentos ou necessidades.

A parábola do filho pródigo, em Lucas 15.11-32, ilustra esse princípio maravilhosamente bem. Na história, o pai demonstra diferentes formas de amor para com os seus dois filhos: ao filho mais novo, oferece misericórdia e perdão quando este regressa; enquanto ao filho mais velho, oferece uma correção branda e o tranquiliza. Isso mostra uma forma de justiça que é adaptada às necessidades emocionais e espirituais específicas de cada filho, refletindo o entendimento de que a equidade nem sempre significa um tratamento idêntico, mas, antes, uma resposta ponderada e compassiva às circunstâncias de cada indivíduo.

Outra luta comum que experimentei pessoalmente e que muitas mães parecem enfrentar, é a tensão entre o sacrifício e o cuidado de si. As mães encontram-se frequentemente divididas entre dedicar seu tempo, energia e aspirações pessoais, cuidar dos filhos e, ao mesmo tempo, esforçar-se por manter seu próprio bem-estar, crescimento pessoal e carreira.

A questão central é: uma mãe está sendo justa consigo mesma ao negligenciar as suas próprias necessidades, ou está agindo de forma justa ao dar prioridade ao bem-estar dos filhos em detrimento do seu próprio? Como mãe de seis filhos, aprendi que ambas as coisas são igualmente importantes. No entanto, há fases na maternidade em que são necessários maiores sacrifícios pessoais. O mais importante é encontrar um equilíbrio entre as

duas coisas: garantir que não negligenciemos as necessidades dos nossos filhos, e ao mesmo tempo termos o cuidado de não idolatrá-los a ponto de perdermos de vista a nossa própria identidade e bem-estar.

Os sacrifícios que as mães fazem têm um significado profundo e simbólico, sobretudo numa perspectiva bíblica. Eles ecoam o amor sacrificial de Jesus, que se entregou pelo bem-estar dos seus filhos. Os sacrifícios que fazemos como mães nunca são insignificantes — eles refletem o profundo amor que Jesus tem por nós. Assim, nunca devemos subestimar a importância daquilo que abdicamos para o bem da nossa família, pois, ao fazê-lo, estamos espelhando o próprio amor de Cristo.

A resposta de Deus à injustiça da humanidade é a dádiva de Jesus. Ele viveu a vida justa e reta que nós deveríamos viver e morreu em nome dos culpados. Depois da sua ressurreição, ofereceu sua graça aos que não a mereciam, para que a humanidade pudesse fazer o bem, não por sua própria capacidade, mas por causa da obra de Cristo. A graça e o perdão de Deus demonstram que, mesmo perante a injustiça e o pecado, há sempre a possibilidade de redenção e reconciliação. Esses são atos de amor divino. Quando cometemos injustiças no nosso lar, podemos pedir perdão aos nossos filhos e vice-versa.

Ao refletirmos sobre a justiça de Deus e a sua relação com a maternidade, percebemos que ambas requerem um compromisso contínuo de empatia, proteção e amor. A justiça não tem a ver com perfeição, mas sim com a procura da reconciliação — tal como Deus nos oferece através de Jesus. Por isso, é vital que encorajemos os nossos filhos a procurarem fazer o que é correto aos olhos de Deus, moldando esses valores e atitudes para eles. Se dermos o exemplo, eles nos seguirão.

Oração: Pai Celeste, tu és o fundamento de toda justiça e, em ti, não há sombra de transgressão. Senhor, nós confessamos que o nosso coração nem sempre está alinhado com o teu e, como mães, muitas vezes falhamos em agir com justiça em nossa casa. Nós somos rápidas para julgar e lentas para entender. Perdoa-nos e molda nosso coração para refletir o teu. Ensina-nos a amar o que é correto — não de forma que reprima outros, mas de forma que os levante. Faze com que nosso desejo por justiça comece em nosso próprio coração e em nossa casa. Que nossa vida aponte para o único que satisfez a justiça na cruz, Jesus, que deu a si mesmo para que o culpado pudesse ser declarado justo. Que nossa casa seja um eco da história do Evangelho na qual a justiça e a misericórdia se encontraram na cruz, a partir do qual tu, Senhor, está fazendo novas todas as coisas — inclusive a nós mesmas. Em nome de Jesus, amém.

"Os sacrifícios que
as mães fazem
têm um significado
profundo e simbólico,
sobretudo numa
perspectiva bíblica.
**Eles ecoam o amor
sacrificial de Jesus.**"

Chelsey Costa

Lealdade,

por Nathalie Barros

"Muitos se dizem amigos leais; mas quem encontrará um homem fiel?"
(Provérbios 20.6, NVI)

Numa breve busca na internet, encontrei a seguinte citação:[1] "A lealdade é um valor humano relacionado com a capacidade de uma pessoa de ser plenamente confiável, manter sua retidão moral, honestidade e honrar compromissos. Também encontrado como sinônimo de fidelidade, dedicação e sinceridade".

Na Bíblia, a lealdade é uma das mais marcantes características do amor de Deus, principalmente nos Salmos quando Davi fala sobre quem o Senhor é para ele. Gosto de buscar primeiro em mim alguma evidência de imitação a Cristo em cada uma das virtudes que escrevi e posso afirmar: a lealdade é, de longe, uma das mais difíceis de adquirir, não porque sou infiel, mas porque, olhando para Jesus, o crivo fica maior e quase inalcançável. Ele é leal, fiel à sua Palavra e imutável, nele nós podemos confiar.

---

[1] SIGNIFICADO DE LEALDADE. **Significados**, 2025. Disponível em: Lealdade: significado e o que é - Significados. Acesso em: 20 maio 2025.

Diante dessa afirmação que fiz, deixo aqui uma pergunta: nossos filhos podem dizer o mesmo sobre nós? Eles nos veem cumprindo com nossos compromissos? Eles veem honestidade em nossas atitudes? E confiabilidade? Quando nos contam algo, tratamos em família ou os expomos a tudo e a todos? Lembrem-se, é olhando pra nossa vida que eles terão o primeiro contato com o cristianismo. Precisamos ser assertivas em nossas ações! Se a resposta para essas perguntas é um sincero "não", nem tudo está perdido, podemos mudar a rota, sempre há tempo. Provavelmente, a maioria de nós já precisou atender ao telefone e dizer que nossos pais não estavam em casa quando, na verdade, estavam. Já quebramos algo e dissemos que foi o irmão ou outra criança. A questão é que tudo ao nosso redor inspira a infidelidade.

Não há um dia sequer que não sou tentada a voltar atrás com coisas que disse e fiz para que não me exijam comprometimento. Depois de sermos mães precisamos vigiar ainda mais, pois somos responsáveis não apenas por nós, mas por outras pessoas. As atitudes dos nossos filhos também serão responsabilidade nossa nos seus primeiros anos de vida. A maternidade é um lindo convite à lealdade, precisamos ser leais aos valores que cremos e, acima de tudo, ao Deus que nos deu a oportunidade de gerar e criar filhos para ele.

Se você achava que esse capítulo trataria apenas sobre fidelidade conjugal — o que é o mínimo que se espera num casamento cristão — saiba que seremos confrontadas e levadas a um nível mais profundo de lealdade. O Senhor não só espera que sejamos mulheres de um homem só, mas também de um único Deus.

Nos últimos anos, a maternidade ganhou muitos vieses, muitos estilos de criações, muitas técnicas e a criança tomou o lugar de Deus em muitas famílias, mas o Senhor instituiu um padrão a ser seguido e nos fez promessas que se cumprirão diante do nosso

compromisso com ele, ou seja, podemos desfrutar da sua lealdade e estender isso aos nossos filhos. Como? Vivendo a única e exclusiva verdade bíblica sobre filhos e como criá-los no temor do Senhor. Eu sei, existem muitas ferramentas que facilitarão o trato e a admoestação de uma criança, ainda assim, a Palavra de Deus tem que ser a primeira consulta em qualquer área da nossa vida. Pesquise na Bíblia o que ela tem a dizer sobre isso e não descanse até achar a resposta. Venhamos e convenhamos que com o Google a vida do crente facilitou muito, não é? Então sejamos leais às Escrituras e criemos filhos leais a ela também em relação ao que veem e ouvem.

A Bíblia diz "Estejam vigilantes, mantenham-se firmes na fé, sejam corajosos, sejam fortes. Façam tudo com amor" (1Coríntios 16.13-14, NVI). A lealdade anda lado a lado com o amor porque é um adjetivo basicamente embutido nele, o amor é leal! O que acontece é que todas nós precisamos resistir à ideia de que sabemos o que é o amor só porque achamos que conhecemos o maior amor do mundo depois que nos tornamos mães. O maior amor do mundo é o de Deus revelado em seu único filho para nos salvar! Ele é amor e quem ama é leal.

Que aprendamos a amar de modo parecido com o amor de Deus por nós e que busquemos ser leais como ele é. A Palavra de Deus diz que o Senhor age com lealdade mesmo quando somos infiéis. Essa é a meta, uma fidelidade independente de qualquer ação do outro.

Oração: Jesus, nós te traímos tantas e tantas vezes. Nosso coração tende a buscar nossos próprios interesses e, com isso, ser desleal é algo quase que inerente à nossa humanidade. Mas fomos lavados e remidos pelo teu sangue e, agora, como novas criaturas, nos dedicaremos até o fim em sermos leais a ti e à tua Palavra.

“A maternidade é um lindo convite à lealdade, precisamos ser leais aos valores que cremos e, acima de tudo, ao Deus que nos deu a oportunidade de gerar e criar filhos para ele.”

Nathalie Barros

Mansidão,

por Laila Coelho

"Mas o fruto do Espírito é amor, alegria,
paz, paciência, amabilidade, bondade,
fidelidade, mansidão e domínio próprio.
Contra essas coisas não há lei."
(Gálatas 5.22-23, NVI)

A virtude da mansidão é aquela que exige que sejamos mansas e humildes de coração, dispostas a aprender a resolver conflitos, sempre temperado com um coração inclinado a ajudar, mesmo em meio às dificuldades, ou até mesmo em meio ao caos. Na maternidade, estamos sempre vivendo novos desafios, o que nos leva, por vezes, a ser extremamente práticas.

A mansidão é uma das virtudes mais importantes que precisamos ter, além de ser uma das manifestações do fruto do Espírito Santo. Quando falamos sobre isso, não estamos falando de um pouquinho de cada, mas de 100% de cada uma. O que nos leva a crer e a entender que devemos nos dedicar em alcançar cada uma de forma convicta e assertiva. Mas quero destacar, dentre todas

as manifestações, a virtude da mansidão, a qual, nos dias atuais, vemos estar em falta entre muitas de nós.

Como mamães, sempre tendemos a exigir demais de nós mesmas e adquirimos diversas funções além do trivial na nossa rotina. Assim, na maioria das vezes, sentimo-nos exaustas, pois acumulamos funções além do que podemos suportar em nosso dia a dia e, pior do que isso, queremos ter o controle de tudo, acreditando que ninguém fará tão bem quanto nós.

Nesse contexto de sobrecarga, a mansidão fatalmente ficará em segundo plano, pois ainda que eu seja extremamente carinhosa e cuidadosa, estou sempre fazendo além do que deveria. Precisamos nos organizar e sempre buscar auxílio em Deus.

Certa vez, no início da introdução alimentar do meu primeiro filho, momento novo para mim e para ele, virei-me bem rápido para pegar alguma coisa sobre a mesa e ele derrubou o pratinho no chão. Sujou a mesa, o chão e ele também ficou todo sujo! Na hora, eu ri e falei: "meu filho, caiu tudo!". Automaticamente, peguei as coisas do chão. Eu não gritei, não perdi o controle, nem me estressei. Apenas peguei a vassoura e um pano para limpar. Enquanto eu vivia aquela cena, refletia comigo mesma reavaliando a minha postura e atitude. Confesso que fiquei orgulhosa de mim, pois não me exaltei, nem perdi o controle, o que, para mim, é maravilhoso, sabe por quê? Lembro que na minha adolescência e até no começo da minha fase adulta, assim que fui morar com meu pai, enfrentávamos bastantes desafios na nossa relação. Até que o perdão acontecesse, eu não tinha um perfil manso nem buscava a virtude da mansidão.

O que eu quero lhe dizer é que, conforme eu decido e declaro ao Senhor meu anseio por obter mais mansidão, eu recebo essa faceta do fruto que Deus nos disponibiliza. É preciso tomarmos

posse e sermos intencionais nas orações em nosso dia a dia. Devemos nos empenhar na busca da nossa melhor versão com o objetivo de sermos mansas e sábias para a glória de Deus. Se toda mulher soubesse o poder que ela tem de transformar uma casa, ela jamais deixaria as coisas escorrerem entre seus dedos.

Na nossa vida, iremos enfrentar muitos desafios na criação dos nossos filhos. Pode acontecer de, a princípio, ao revisitarmos tais desafios, percebermos que os acontecimentos eram pequenos demais e que tomamos atitudes exageradas sem mansidão. Nessas horas, um sentimento de arrependimento pode nos inundar. Mas saiba que o Senhor pode fazer novas todas as coisas e nos dar um espírito de mansidão. Se os nossos olhos estiverem fixos em Jesus, seremos mansas e humildes de coração, para que possamos desfrutar da boa, perfeita e agradável vontade de Deus.

Podemos meditar no que a Palavra de Deus diz: "Rogo-vos, pois, eu, o preso do Senhor, que andeis como é digno da vocação com que fostes chamados, Com toda a humildade e mansidão, com longanimidade, suportando-vos uns aos outros em amor, Procurando guardar a unidade do Espírito pelo vínculo da paz" (Efésios 4.1-3, ACF).

Oração: Senhor Jesus, esquadrinha meu coração, ensina-me a ser mansa e humilde como tu és, dá-me sabedoria quando eu for posta à prova para que possa experimentar a tua graça em minha vida e em meus comportamentos.

"Se os nossos olhos estiverem fixos em Jesus, **seremos mansas e humildes de coração**, para que possamos desfrutar da boa, perfeita e agradável vontade de Deus."

Laila Coelho

Nobreza,

por Bruna Luz

"Mas o nobre projeta coisas nobres; e na sua nobreza perseverará."

(Isaías 32.8, ARA)

A verdadeira nobreza não está relacionada à família em que se nasce, à riqueza que se possui ou aos títulos que se recebe. A verdadeira nobreza está no caráter — no coração bondoso, generoso e leal, que escolhe agir com domínio próprio, cumprir seus deveres com alegria e buscar o bem, mesmo quando ninguém está olhando.

Uma das formas que mais gosto de aprender e de ensinar meus filhos sobre nobreza é através das boas histórias. A leitura de livros clássicos, com personagens admiráveis, nos inspira a querer ser melhores a cada dia.

Certo dia, li para eles o clássico de Frances Hodgson Burnett *O Pequeno Lorde*. A história de Cédric, personagem principal, é encantadora, mas foi a figura da mãe que me marcou profundamente. Uma mulher graciosa, sábia, discreta, corajosa e bondosa. Diante da perda do marido e do desprezo do sogro, ela se manteve

firme, serena e digna. Sua postura cheia de sabedoria conduziu seu filho ao trono com glória.

> *"A vivência do advogado ensinara-o a ler o caráter das pessoas de modo muito sagaz, e assim que viu a mãe de Cedric soube que o velho Conde cometera um grande erro ao pensar nela como uma mulher vulgar e mercenária... mas ele intuiu que aquela linda e jovem criatura de voz meiga e olhos tristes se casara com o Capitão Errol unicamente porque o amava com todo seu afetuoso coração, e nem por um momento pensara em tirar vantagem do fato dele ser filho de um conde..."*
>
> *" - Ser conde de Dorincourt é algo magnífico, Milorde - disse ela. - Sei disso, mas o que me preocupa é que ele venha a ser como o pai: sempre bravo, justo e leal...*
>
> *- Ele me amaria - disse o conde secamente - se a senhora lhe tivesse contado por que eu não a recebi no Castelo?*
>
> *- Não - respondeu Mrs. Errol. - Acredito que não. Foi por isso que eu não quis que ele soubesse.*
>
> *- Bem - disse Milorde bruscamente-, **são poucas as mulheres que não teriam contado**."* [1]

Ah, como desejo ser uma mãe assim! Uma mãe que sabe a hora de falar e também a hora de se calar. Que é gentil e firme, mas também capaz de perdoar e seguir educando e servindo os filhos com amor independente das adversidades.

Nesses anos como mãe, tenho aprendido que a nobreza é, muitas vezes, silenciosa e invisível. Ela se revela na decisão de perdoar, no esforço de ouvir com paciência, na escolha de servir

[1] Burnett, Frances. **O pequeno Lorde**. 1ª edição. São Paulo: Editora 34, 2002.

mesmo quando o corpo está cansado, na palavra branda que acalma o furor. É nobre quem decide, dia após dia, viver com integridade, mesmo quando ninguém o reconhece. É nobre quem não abre mão de ser quem Deus o chamou para ser, mesmo diante do desprezo ou da indiferença.

Lembro-me de uma situação que vivi quando estava grávida do meu quarto filho. Precisei ir ao supermercado sozinha com meus três pequenos. No caixa, com as sacolas pesadas e a barriga já no fim da gestação, havia três funcionários por perto que desviaram o olhar, ignoraram a minha necessidade e nenhum deles se ofereceu para me ajudar. Saí carregando as compras com a ajuda apenas dos meus filhos que eram pequenininhos na época. Quando entrei no carro, aproveitei o momento para ensinar meus filhos e relembrar o que aprendemos no devocional daquele dia: "Crianças, nunca deixem passar a oportunidade de fazer o bem. Devemos ser como o bom samaritano, sensíveis às necessidades de quem está ao nosso redor. Quem é discípulo de Jesus age assim".

A força do pecado nos leva ao egoísmo e à indiferença. Infelizmente, muitas vezes, esse egoísmo é alimentado dentro de casa. Quando um filho é ensinado a buscar apenas seu próprio conforto, quando se permite que ele viva imerso nas telas — alheio à realidade, à necessidade do irmão ou à responsabilidade no lar —, o estamos ensinando, sem perceber, a desconsiderar o próximo. Como é triste ouvir que é melhor ser filho único para não ter que dividir!

Nobreza não é viver para si, mas, sim, ser capaz de doar-se em favor dos outros. Seguindo o que Jesus nos ensinou: O maior entre vós será o que vos sirva (cf. Mateus 23.11).

Na nossa família, temos um lema que repetimos e buscamos praticar diariamente: na família, cuidamos uns dos outros. De forma prática, esse cuidado envolve o serviço, estar sensível

às necessidades de cada um e também guiar o modo de agir, falar e pensar, sempre apontando para os mais elevados propósitos.

> *"O fato de eu ser mulher, não me torna um tipo diferente de cristão. Mas, o fato de ser cristã, me torna um tipo diferente de mulher. Afinal, aceitei a ideia que Deus tem a meu respeito, e toda minha vida consiste em lhe oferecer de volta tudo o que sou e tudo que ele quer que eu seja".*[2]

O fato de sermos discípulas de Jesus exige de nós, mães, uma postura diferente. Não podemos nos conformar com a velha natureza caída. A nossa nova identidade em Cristo (cf. 1Pedro 2.9) deve ser refletida na forma como educamos, como falamos, como reagimos. A nobreza da mulher cristã está no reflexo do caráter de Cristo em sua vida. Está na firmeza com doçura, na disciplina com graça, na autoridade com humildade.

Talvez ninguém aplauda uma mãe cansada que escolhe sorrir, ou uma criança que divide o último pedaço. Mas o Céu as observa. E é nessa obediência fiel, nesses pequenos atos de renúncia e serviço, que se constrói a verdadeira nobreza. Que eu e você sejamos encontradas nesse lugar: vivendo com propósito eterno, ensinando com o exemplo e deixando, como herança, corações nobres prontos para servir.

Oração: Senhor, que eu possa refletir seu caráter em todas as minhas ações e palavras e que eu me alegre no meu dever, escolhendo agir dignamente ao que me chamastes a viver. Amém!

---

[2] Elliot, Elisabeth. **Deixe-me ser mulher**. 1ª edição. São Paulo: Editora fiel, 2021.

"A nobreza da mulher cristã está no reflexo do caráter de Cristo em sua vida. Está na firmeza com doçura, na disciplina com graça, na autoridade com humildade."

Bruna Luz

Obediência,

por Nathalie Barros

"Porque nisto consiste o amor a Deus: obedecer aos seus mandamentos. E os seus mandamentos não são pesados."
(1João 5.3, NVI)

A definição de obediência[1] é: "um substantivo que define a ação de quem obedece, de quem é dócil ou submisso. Uma pessoa que segue, cumpre ou cede às vontades ou ordens de alguém. Essa expressão é utilizada para qualificar a condição de quem está disposto a obedecer". Nada me lembra mais essa colocação do que o que lemos no livro de João: "Quem tem os meus mandamentos e lhes obedece é o que me ama. Aquele que me ama será amado por meu Pai, e eu também o amarei e me revelarei a ele" (João 14.21, NVI).

Obedecer pode até ser uma condição de obrigação no relacionamento entre pais e filhos não cristãos, mas no relacionamento

---

[1] SIGNIFICADO DE OBEDIÊNCIA. **Significados**, 2025. Disponível em: Significado de Obediência (O que é, Conceito e Definição) - Significados. Acesso em: 20 maio 2025.

com Deus, amá-lo é sinônimo de obedecer-lhe. Esse nível de obediência é o que devemos buscar na relação com os filhos que Deus nos confiou! Precisamos ensiná-los que eles devem obedecer sem nos desafiar, sem apresentar desculpas e sem demora, como disse Simone Quaresma no seu ensino sobre criação de filhos.

Antes de falar como nós, mães, devemos ser autoridade na vida das nossas crianças, precisamos repensar o quanto temos obedecido a quem está, ou deveria estar, no controle da nossa vida. Deus não aceita um "amor de qualquer jeito", não podemos amá-lo e, consequentemente, obedecer-lhe da maneira que entendemos ser a certa. Devemos obedecer-lhe sem desculpas e sem demora. Venhamos e convenhamos, isso é dificílimo! Principalmente depois de sermos mães, pois, com frequência, um falso senso de sabedoria recai sobre nós e nos achamos melhores que Deus para governar nossas escolhas, mesmo que não admitamos ou falemos isso em voz alta.

Assim também acontece com nossos filhos. Mesmo pequenos, eles naturalmente se rebelam contra nós achando que sabem o que fazem. O pecado faz isso conosco. Uma criança que precisa ser impedida de beber um litro de cloro ou um adolescente que precisa ouvir que namorar aos 13 anos é uma imbecilidade, por exemplo, estão gritando: "GOVERNE-ME!". Como devemos agir então?

Pais autoritários tendem a ter filhos temerosos, mas rebeldes; pais que exercem a autoridade que foi dada por Deus tendem a ter filhos obedientes, apesar das circunstâncias. Queira você ou não, mamãe, a maneira como você se posiciona no dia a dia diante dos seus filhos revelará se sua autoridade será reconhecida e respeitada.

Certa vez, assistindo a uma mentoria sobre obediência, ouvi uma profissional (que não me recordo o nome agora) dizer algo que me marcou: "Mães, é claro que seus filhos obedecerão mais

à professora do que a vocês, eles a encontram arrumada, perfumada e numa posição de autoridade na escola. Em casa, veem as próprias mães desorganizadas, afobadas e sem saber governar a própria vida". Isso me chacoalhou de tal maneira que nunca mais — nenhum dia sequer — fiquei desarrumada em casa. A nossa postura diante dos filhos precisa ser como a de Deus, o nosso Pai amoroso, que se inclina para ouvir o clamor de seus filhos.

Um dia, precisei ser firme com meu filho que estava entrando numa fase difícil de rebeldia, a famosa "bebelescência" ou a fase dos dois anos, mais conhecida como "Terrible Two" (terrível dois anos). Eu disse a Deus: "Senhor, meu filho não vai me amar se eu corrigi-lo tão severamente". Prontamente, fui consolada por esse versículo de João que citei acima. Que bálsamo saber a verdade bíblica e ser respaldada por ela.

O autor de Hebreus escreveu que o Senhor corrige a quem ama (cf. 12.6, ARA). Essa frase confronta meu coração rebelde, mas, principalmente, admoesta-me quanto à maneira que decido educar meus filhos. Se, assim como eu, você quer se parecer com Cristo, minha amiga, teremos que não apenas obedecer sem hesitar, mas governar como ele governa. Estaremos sendo infiéis ao que Deus nos confiou se não tomarmos as rédeas da vida dos nossos filhos. Eu sei, isso não é fácil de entender e muito menos de colocar em prática, por isso deixo aqui a indicação de outra obra que impactou muito a minha vida: *Pastoreando o coração da criança*, de Tedd Tripp.[2]

Por fim, mais do que nunca, é essencial assumirmos com firmeza, amor e segurança a liderança sobre nossos pequenos, porque

[2] TRIPP, Tedd. **Pastoreando o coração da criança**. São José dos Campos: Editora Fiel, 2017.

é nessa relação de pais e filhos que eles aprenderão a amar e obedecer a Deus quando assim forem encontrados por tão grande salvação. Percebem a seriedade disso? Não é para condenação ou para trazer peso que escrevo tudo isso, até porque a primeira a ser ministrada por essas palavras sou eu. Falo porque a verdade bíblica precisa pulsar em nosso coração.

Quantos "porque sim!" ouvimos de nossos pais ao perguntarmos o motivo das coisas que eles falavam ou faziam? Podemos entender que era o próprio Deus usando a vida deles para nos ensinar que não teremos todas as explicações que queremos, mas estaremos seguras em obedecer-lhe. O nível de obediência de nossos filhos muito provavelmente revela o nível de nossa própria obediência a Deus, e isso não pode nos deixar indiferentes.

> Oração: Senhor, a desobediência foi implantada na humanidade desde que o pecado entrou no coração de Adão e Eva. Mas nós nos arrependemos e declaramos que seremos escravos de orelha furada, servindo e obedecendo a ti sem reservas! Tu és o nosso Rei e a ti obedeceremos.

"É essencial assumirmos com firmeza, amor e segurança a liderança sobre nossos pequenos, porque é nessa relação de pais e filhos que eles aprenderão a **amar e obedecer a Deus**."

Nathalie Barros

Paciência,

por Vitoria Reis

"Por isso eu, que estou preso porque sirvo o Senhor Jesus Cristo, peço a vocês que vivam de uma maneira que esteja de acordo com o que Deus quis quando chamou vocês. Sejam sempre humildes, bem-educados e pacientes, suportando uns aos outros com amor."

(Efésios 4.1-2, NTLH).

Se há uma virtude necessária e, ao mesmo tempo, tão escassa em alguns momentos da maternidade, essa virtude é a paciência. Por muitas vezes escassa, pois só pode ser produzida com um bom aproveitamento do sofrimento, mas muitas vezes esperamos que ela seja desenvolvida em nós magicamente.

A paciência não é apenas uma virtude, mas um fruto espiritual, algo que precisa ser gerado e amadurecido em nós.

A palavra paciência vem do Latim *pati*, que significa padecer. É exatamente isso que a paciência nos ensina, a padecer virtuosamente. A Bíblia nos ensina que a paciência é produzida através do sofrimento e, de fato, nenhuma de nós gosta de sofrer, mas é

justamente em meio às provações que desenvolvemos um caráter paciente.

Nosso erro está em pedir a Deus paciência para lidar com a maternidade quando, na verdade, a maternidade foi a escola em que ele nos colocou para produzir a paciência. É necessário aprender a padecer, não porque a maternidade é um peso e uma provação, mas porque ela certamente nos colocará diante de desafios que nos conduzirão ao desenvolvimento de tão profunda virtude.

Muitas vezes, dizemos que nossos filhos não sabem esperar, mas, se olharmos atentamente, estamos sempre buscando acelerar processos básicos do desenvolvimento deles. Queremos que eles andem rápido, aprendam a falar rápido, a comer de tudo rápido, a ler rápido, a obedecer rápido, tudo precisa ser rápido. Ignoramos uma das verdades mais elementares da vida: tudo tem um processo e um tempo determinado.

O que é a maternidade, se não a escola perfeita da espera?

Para além de esperar os processos naturais da vida, a paciência também nos ajudará, de forma longânima, a suportar em amor o nosso próximo, o nosso cônjuge e os nossos filhos. A falta de paciência com eles revela muito mais sobre nossas deficiências do que, de fato, as deles.

Quando adotamos meu filho mais velho, eu conheci um novo lado do caráter longânimo de Deus. O processo de adoção envolve muitos desafios, mas o primeiro deles é amar sem ser amado de volta. Foi na adoção que eu conheci o amor paciente de Deus.

Deus nos amou primeiro, e isto significa que, por muito tempo, ele amou sozinho, sem que pudéssemos devolver ou sequer expressar esse amor de volta a ele.

Eu tive que aprender a esperar de uma forma nova, a dizer eu te amo sem ser correspondida, a chamar de filho sem ouvir um

"mãe" de volta. Tive de esperar que um vínculo, que normalmente é natural, agora fosse desenvolvido lentamente.

Eu achava que era muito paciente, até realmente precisar exercer uma paciência que só foi produzida com duras lágrimas. É necessário aprender a padecer.

Deus nos ensina a amar os nossos filhos assim, esperando e suportando com paciência os processos que eles precisam viver. E esse caráter paciente apontará os nossos filhos para Deus.

Que a gente nunca se engane, a paciência não é desenvolvida simplesmente para vencermos as birras, os choros, as longas fases de desenvolvimento, os desafios momentâneos. Na verdade, ela é o fruto que nos conduzirá a esperar corretamente a vinda do nosso Senhor.

Peça auxílio do Espírito Santo para aprender a padecer e foque na eternidade! Guarde esse versículo em seu coração: "Sejam também vocês pacientes e fortaleçam o seu coração, pois a vinda do Senhor está próxima" (Tiago 5.8, NAA).

Oração: Senhor Deus, ajuda-me a desenvolver um caráter paciente e auxilia-me a crescer em meio às adversidades, que me conduzem para mais perto de ti. Peço que me capacites a educar meus filhos com paciência, suportando em amor cada fase necessária, para que eles cresçam e conheçam a ti, Senhor. Que eu não tenha pressa, de modo a pular etapas. Que essa virtude seja real em minha vida para a glória do teu nome. Em nome de Jesus, amém!

"Que a gente nunca se engane, a paciência não é desenvolvida simplesmente para vencermos as birras, os choros, as longas fases de desenvolvimento, os desafios momentâneos. Na verdade, **ela é o fruto que nos conduzirá a esperar corretamente a vinda do nosso Senhor.**"

Vitoria Reis

Quietude,

por Vitoria Reis

"Pelo contrário, fiz calar e sossegar a minha alma; como a criança desmamada se aquieta nos braços de sua mãe, como essa criança é a minha alma para comigo."

(Salmos 131.2, ARA)

É verdade que, por muitas vezes, a maternidade nos leva ao limite. Em meio a choros, fraldas, fases de desenvolvimento, dificuldades escolares, disciplina, rotina e tantas outras demandas, percebemos a nossa alma cansada e aflita.

Por vezes, aquele choro, que só uma mãe sabe qual é, toma conta de nós e nos sufoca. A nossa primeira tentação é pensar que o problema está nas muitas demandas que nos tornam muito ocupadas e sobrecarregadas, quando, na verdade, o verdadeiro problema está em uma alma que não consegue descansar verdadeiramente em Deus.

A virtude da quietude não diz respeito à paz do lado de fora, mas àquela do lado de dentro; aquela paz que um pequeno bebê desfruta e transmite após ser amamentado por sua mãe.

A vida agitada pode até nos cansar, e ela cansa mesmo, mas é a alma agitada que aflige. Podemos culpar tudo e todos, mas a verdade é que precisamos nos render completamente a Cristo e receber dele a verdadeira quietude, essa virtude que não muda apenas o nosso comportamento, mas o nosso coração.

Por isso, a maternidade bíblica é um convite para o descanso pleno em Deus, um descanso que não diz respeito ao que fazemos, mas a quem o Senhor é. Ao cuidar de crianças tão pequenas, encaramos aquilo que a nossa alma ainda não tinha sido capaz de aprender: o verdadeiro descanso.

A maternidade revela que não confiamos tanto em Deus quanto achamos; ela escancara quão desesperada e rendida às circunstâncias nossa alma está. Ela nos ensina que estamos em uma jornada de longo prazo: os furtos não são imediatos, a recompensa não é humana e as coisas não estão sob o nosso controle. E é justamente nesse lugar de incertezas que a nossa alma pode desfrutar de tão profunda virtude.

É no ordinário desajustado da maternidade que podemos declarar com verdade o que o salmista diz: "Somente em Deus, ó minha alma, espera silenciosa, porque dele vem a minha esperança. Só ele é a minha rocha e a minha salvação, e o meu alto refúgio; não serei jamais abalado" (Salmos 62.5-6, ARA).

A espera silenciosa é a espera de um coração que sabe em quem tem crido. A maternidade vai mostrar se é mesmo em Deus que cremos ou em uma imagem de Deus que criamos em nossa mente. A rotina vai tentar apresentar soluções à nossa alma aflita por meio de várias alternativas, mas a verdade é que elas nunca suprirão o que só Deus pode nos dar.

Os ídolos do coração não dão descanso à nossa alma; eles apenas nos sugam cada vez mais. Já o nosso Deus oferece a paz que

vai além do entendimento, mesmo quando todas as circunstâncias são contrárias. Ele nos torna mulheres que descansam silenciosamente, não pela ausência de palavras, mas por um coração rendido a Cristo.

> **Oração:** Senhor Deus, eu dependo completamente de ti. Muitas vezes, acabei colocando a culpa nas circunstâncias, mas hoje confesso que, na verdade, o que realmente preciso é aprender a descansar em ti. Auxilia-me a desenvolver a virtude da quietude de modo que não apenas as minhas ações sejam transformadas, mas o meu coração. Ensina a minha alma a descansar em teus propósitos, independentemente das circunstâncias externas. Em nome de Jesus, amém!

“Podemos culpar tudo e todos, mas a verdade é que **precisamos nos render completamente a Cristo e receber dele a verdadeira quietude**, essa virtude que não muda apenas o nosso comportamento, mas o nosso coração.”

Vitoria Reis

Respeito,

por Vitoria Reis

"Assim Deus criou o ser humano à sua imagem, à imagem de Deus o criou; homem e mulher os criou."
(Gênesis 1.27, NAA)

Talvez você nunca tenha lido Gênesis 1 pensando no conceito da palavra respeito. Mas esse breve relato da criação do homem diz muito mais do que imaginamos sobre essa virtude tão importante.

Respeito é uma virtude indispensável e inegociável para uma maternidade que tem como objetivo final glorificar a Deus. De acordo com a definição do Dicionário Webster, respeito[1] é: "ver ou considerar com algum grau de reverência; estimar como possuidor de valor real". Eu gosto dessa definição, pois o respeito é, antes de tudo, um ato de adoração a Deus, porque envolve o reconhecimento do valor de sua preciosa criação.

---

1 RESPECT. Webster's Dictionary of the English Language. 1828. Disponível em: Websters 1828 - Webster's Dictionary 1828 - Respect. Acesso em: 20 maio 2025.

Há um senso comum sobre maternidade respeitosa que pouco tem a ver com a verdade bíblica sobre o tema. Infelizmente, na maioria dos casos, não passam de teorias humanistas esvaziadas de sentido e qualquer virtude. O que se prega, em tempos modernos, sobre respeito está muito mais atrelado à tolerância do que ao reconhecimento da dignidade do outro.

É impossível falarmos sobre respeito sem uma compreensão profunda da dignidade humana, mas também é utópico meditar acerca dessa temática ignorando a realidade e o bom senso. Uma virtude jamais anulará a outra.

Respeitar os nossos filhos está longe de ser uma tolerância cega aos seus pecados ou de falar sem firmeza e seriedade quando necessário. Isso mais se parece com fraqueza do que com respeito.

Primeiramente, precisamos começar pelo esclarecimento da dignidade. Não respeitamos os nossos filhos e não os ensinamos a respeitar o próximo sem uma cosmovisão clara acerca da *Imago Dei*.

Imago Dei é uma expressão em latim para se referir à doutrina que explica o ser humano como imagem de Deus. A Palavra é clara em Gênesis 1 sobre o modo como o criador nos fez, isto é, à sua imagem e semelhança.

Antes dos filhos serem nossos, eles são criações preciosas e carregam a imagem do nosso Deus. Feri-los não representa apenas um ato contra eles, mas contra o Criador.

Tratar os nossos filhos com respeito é, antes de tudo, uma adoração a Deus, pois reconhecemos o valor de sua criação. Ao tratá-los com dignidade compreendemos o quanto eles são preciosos.

Certa vez, um de meus filhos foi profundamente desrespeitoso com uma colega da escola. Ao receber a notificação, fiquei muito chateada e, antes de discipliná-lo por aquela atitude, tivemos uma

conversa profunda sobre o valor da vida humana. Eu percebi que ele não tinha entendido a profundidade do dano que ele causou, pois não reconheceu a imagem de Deus em sua colega.

O comportamento ali já não era o mais importante, havia uma lacuna em seu coração que precisava ser preenchida com a verdade, enquanto ainda era tempo. Através da exposição da Palavra, ele compreendeu quão séria foi a sua atitude, não apenas pelo dano da ofensa à colega, mas por desprezar a imagem de Deus que ela carregava.

Eu poderia simplesmente repreendê-lo e dizer que deveria respeitar a colega, mas encontramos ali naquela situação algo que vai muito além de um dever moral: a oportunidade de semear uma verdadeira virtude, afinal, os nossos filhos não devem ser apenas bons cidadãos, mas servos piedosos e virtuosos de Deus. Essa virtude precisa florescer primeiro em nós, para que o exemplo também seja uma poderosa ferramenta que a leve a ser cultivada em nossos filhos.

Eles não observarão apenas a forma como são tratados, mas a forma como tratamos o nosso cônjuge, amigos, líderes e colaboradores. É através do exemplo ordinário que eles compreenderão a prática e necessidade dessa virtude.

É necessário sinceridade da nossa parte. Temos tratado nossos filhos com respeito, reconhecendo seu real valor? Por outro lado, temos negligenciado seus pecados e chamado isso de respeito?

Precisamos, com o auxílio do Espírito Santo, sondar nosso coração e atitudes, para que a nossa maternidade glorifique a Deus nas pequenas e nas grandes coisas.

Que a glória de Deus seja clara em nossos lares através da forma como falamos com nossos filhos, como nos referimos a eles e como os tratamos.

Que, através de uma criação piedosa e respeitosa, os nossos filhos saibam o seu real valor e o do próximo!

Oração: Senhor Deus, peço que me ajudes a desenvolver a virtude do respeito de forma tão profunda que eu olhe para o meu próximo e enxergue a tua imagem impressa nele, sobretudo em meus filhos. Que a forma com a qual eu os educo transmita diariamente que são preciosos e dignos. Em nome de Jesus, amém!

"Tratar os nossos filhos com respeito é, antes de tudo, **uma adoração a Deus**, pois reconhecemos o valor de sua criação. Ao tratá-los com dignidade, compreendemos o quanto eles são preciosos."

Vitoria Reis

Sabedoria,

por Chelsey Costa

"O temor do Senhor é o princípio da sabedoria."
(Provérbios 9.10, NVI)

Tal como é apresentada na Bíblia, a sabedoria é uma dádiva preciosa de Deus, que equipa a humanidade para transitar pelas complexidades da vida. Ela fornece base para viver de uma forma que honre a Deus e promova o bem-estar dos outros. As Escrituras descrevem a sabedoria como sendo mais valiosa do que o ouro, exortando os cristãos a estimarem-na e a procurarem diligentemente. A sabedoria bíblica serve como um farol de clareza, paz e direção, especialmente num mundo muitas vezes marcado por confusão e tumulto. Para as mães, essa sabedoria é particularmente vital no seu papel de cuidadoras e educadoras, orientando as suas decisões e ações de forma a se alinharem com o propósito de Deus.

Segundo consenso geral, é aceito que Sócrates já disse certa vez: "A maior sabedoria é saber que não sabemos nada".

Agostinho[1], por sua vez, acreditava que a verdadeira sabedoria se baseia na nossa relação com Deus e no conhecimento de Deus — um conhecimento que contrasta fortemente com a compreensão humana. Defendia que a sabedoria revelada nas Escrituras deve guiar a nossa tomada de decisões, ajudando-nos a permanecer concentradas nas verdades eternas que nos permitem resistir às distrações do mundo. Agostinho estava convencido de que essa sabedoria divina nos conduz à vida de virtude, santidade e retidão.

Um exemplo contundente de uma mãe que confia na sabedoria de Deus, na Bíblia, encontra-se na história de Joquebede, mãe de Moisés. Confrontada com a ordem do Faraó de matar todos os bebês hebreus do sexo masculino, Joquebede tomou a corajosa decisão de resistir às ordens do rei. Escondeu o seu filho durante três meses e depois colocou-o num cesto no rio Nilo, confiando na proteção de Deus. A sua decisão foi um ato de profunda fé, demonstrando que a maternidade exige ousadia e confiança na providência divina. Tal como Joquebede, as mães de hoje devem estar dispostas a tomar decisões difíceis, muitas vezes contra a corrente das normas culturais ou do temor pessoal, confiando que a sabedoria de Deus as guiará na educação dos seus filhos.

A sabedoria bíblica é uma virtude essencial que apoia as mães à medida que estas se lançam aos desafios diários na educação dos filhos. As mães enfrentam frequentemente situações que exigem não só discernimento prático, mas também instrução espiritual e moral, como vimos na história de Joquebede. O desafio de conciliar a sabedoria bíblica com as influências culturais do mundo

[1] Agostinho, Santo. **Confissões**. Trad. do latim e prefácio de Lorenzo Mammi. 1ª edição. São Paulo: Penguin Classics Companhia das Letras, 2017.

moderno pode muitas vezes fazer com que as mães se sintam inseguras quando se trata de tomar decisões. Isso realça a profunda verdade de que a nossa relação com Deus molda profundamente as escolhas que fazemos no nosso lar.

Uma área em que as mães têm frequentemente dificuldade em exercer a sua sabedoria é a disciplina dos seus filhos. As realidades cotidianas da paternidade e da maternidade envolvem frequentemente momentos de desobediência, exigindo um julgamento cuidadoso: quando é que a graça deve ser concedida e quando é que a disciplina deve ser aplicada? Compreender o equilíbrio entre os dois é essencial e constitui um desafio. Dar demasiada importância à disciplina sem a graça pode criar uma atmosfera dura e legalista, ao passo que oferecer graça sem disciplina pode encorajar a irresponsabilidade.

Já senti muitas vezes o peso de ter de escolher entre impor disciplina e oferecer compaixão e, por vezes, tomei a decisão errada. Essas experiências nos fazem lembrar de nossas próprias limitações e fraquezas, e que os nossos erros fazem parte do processo de aprendizagem, ajudando-nos a crescer na nossa capacidade de aplicar a sabedoria de Deus a áreas difíceis.

A Bíblia ensina que a disciplina é necessária para moldar o caráter de uma criança, mas também apela à compaixão, reconhecendo que as crianças podem estar enfrentando dificuldades emocionais. Por conseguinte, ao aplicar a sabedoria na disciplina dos nossos filhos, devemos nos perguntar: devo impor consequências rigorosas para incutir obediência e responsabilidade, ou oferecer compaixão e compreensão para ajudar meu filho a enfrentar os próprios desafios? É importante lembrar que a disciplina ensina às crianças que as ações têm consequências; enquanto a graça oferece o perdão, a cura e a oportunidade de crescimento.

Outro aspecto poderoso da sabedoria na maternidade é o uso das nossas palavras. A Bíblia ensina que elas têm um poder significativo na formação da identidade e da autoestima dos nossos filhos. Como está escrito: "A língua tem poder sobre a vida e sobre a morte; os que gostam de usá-la comerão do seu fruto" (Provérbios 18.21, NVI). Na minha própria experiência como mãe, houve ocasiões em que disse aos meus filhos palavras que nunca imaginei pudessem sair da minha boca. Esses momentos me fazem lembrar a importância de confiar na sabedoria de Deus em vez de nos apoiarmos no nosso próprio entendimento. Felizmente, as Escrituras nos asseguram que Deus é gracioso, está disposto a perdoar e dará sabedoria àqueles que a buscam sinceramente. A Bíblia constata tais afirmações em Tiago 1.5-8.

Concluindo, é crucial que nós, como mães, permaneçamos firmes em valorizar a sabedoria de Deus como um tesouro inestimável, pois a sua influência na nossa vida traz imensos benefícios. As decisões de uma mãe sábia abençoam toda a sua casa, promovendo um ambiente de estabilidade, fé e virtude. Devemos caminhar com humildade, lembrando-nos de que, embora nosso entendimento seja finito e limitado, a sabedoria de Deus é ilimitada. Como diz Timothy Keller,[2] "Senhor, preocupo-me porque me esqueço da tua sabedoria, ressinto-me porque me esqueço da tua misericórdia, cobiço porque me esqueço da tua beleza, peco porque me esqueço da tua santidade, temo porque me esqueço da tua soberania. Continuemos, pois, a confiar na sabedoria de Deus, pois ela nos guiará através das complexidades da vida e salvaguardará o bem-estar dos nossos filhos."

[2] KELLER, Timothy. **Os cânticos de Jesus**: um ano de devocionais diários nos Salmos. 1ª edição. São Paulo: Vida Nova, 2017.

Oração: Pai Celeste, tu és a fonte de toda sabedoria, e em ti estão escondidos os tesouros do conhecimento e do entendimento. Nós nos achegamos a ti humildemente, reconhecendo nossas limitações e confessando nossa profunda necessidade de tua condução. Como mães, confessamos que nem sempre sabemos o que fazer e pedimos que, num mundo cheio de barulho e confusão, tu nos ensines a zelar pela tua sabedoria acima de tudo. Ajuda-nos a construir nossa casa na tua Palavra, a falar com a sabedoria que vem do alto e a criar nossos filhos no teu temor e na tua alegria, Senhor. Nós te pedimos isso em nome de Jesus, nossa Sabedoria e nossa Paz. Amém.

“É crucial que
nós, como mães,
**permaneçamos
firmes em valorizar
a sabedoria de Deus**
como um tesouro
inestimável, pois
a sua influência
na nossa vida traz
imensos benefícios.”

Chelsey Costa

Temperança,

por Chelsey Costa

"Entretanto, o fruto do Espírito
é amor, alegria, paz, paciência,
amabilidade, bondade, fidelidade,
mansidão e domínio próprio.
Contra essas coisas não há lei."
(Gálatas 5.22-23, NVI)

O autodomínio é muitas vezes considerado como uma virtude que ajuda a humanidade a gerir os seus impulsos, desejos, emoções e ações. Como vemos em Gálatas 5.22-23, o autocontrole não é alcançado apenas através do esforço humano, mas é fruto do trabalho do Espírito Santo na vida de um cristão. No contexto da maternidade, o autocontrole torna-se uma qualidade essencial — não só para gerir os nossos próprios comportamentos, mas também para orientar o bem-estar dos nossos filhos —, uma vez que a temperança conduz à paz, à justiça e ao crescimento espiritual; de forma que reflita o amor, a sabedoria e a justiça de Deus.

A temperança, tal como é entendida por Agostinho de Hipona,[1] é tanto uma disciplina pessoal como um testemunho comunitário do Reino de Deus, tornada possível pela ação da graça de Deus na vida dos cristãos. Agostinho vê a temperança bíblica como uma virtude crucial que os cristãos devem cultivar na sua busca pela santidade e na sua participação na vida divina. Isso está de acordo com o ensino bíblico, que enfatiza que a virtude se encontra no autocontrole e na moderação, e não no excesso. Agostinho também vê os desejos humanos como desordenados pelo pecado, pelo que é tarefa do cristão submeter esses desejos à lei superior de Deus.

A maternidade apresenta frequentemente situações que põem à prova a nossa paciência, emoções e reações, desde lidar com as birras até enfrentar as tensões diárias próprias da maternidade. A capacidade de exercer o autocontrole é crucial para criar um ambiente estável e estimulante para as crianças. Saber quando dizer não e quando dizer sim vem da prática da temperança.

Um dilema comum de autocontrole na maternidade surge quando se responde às birras e lutas emocionais das crianças. Por exemplo, uma criança pode fazer uma birra em público depois de lhe ter sido negado algo que queria ou por causa de uma rivalidade com um irmão. Esses conflitos podem parecer devastadores, especialmente quando acompanhados de barulho e caos. Como mãe de seis filhos, essas situações são frequentes em nossa casa. No entanto, ao longo dos anos, aprendi a importância de tentar não levar as lutas emocionais dos meus filhos para o lado pessoal.

Lembro-me de que quando era uma jovem mãe com três filhos pequenos, a vida era muitas vezes atarefada e cansativa.

1 AGOSTINHO, Santo. **A cidade de Deus**. Trad. Oscar Paes Leme. Petrópolis: Vozes, 2012. Parte 2.

Numa tarde, enquanto preparava o almoço, uma discussão entre as crianças transformou-se num caos. Na minha frustração, perdi a calma e respondi com dureza. Quase imediatamente, arrependi-me da minha reação e fui pedir desculpas. Embora ela fosse muito pequena, lembro-me vividamente da minha filha dizendo, em lágrimas: "Está tudo bem, mamãe, eu a amo e perdoo". Esse momento teve um impacto profundo em mim, pois mudou a minha perspectiva. Fez-me perceber que, como pais, muitas vezes assumimos o papel de quem deve perdoar os erros dos nossos filhos, mas, por vezes, é a criança que é graciosa conosco.

Essa experiência também me fez lembrar que, quando falhamos como pais, podemos encontrar conforto na verdade de que a justiça de Deus não se baseia na nossa perfeição, mas na obra consumada de Cristo. Essa é uma boa notícia não só para nós, como pais, mas também para os nossos filhos. Quando eles falham, também podem descansar no conhecimento de que a graça e o amor de Deus constituem a base para o seu crescimento.

A temperança é vital na maternidade, pois permite que uma mãe permaneça calma em vez de reagir com dureza em momentos de frustração. A Bíblia ensina sabiamente: "A resposta calma desvia a fúria, mas a palavra ríspida desperta a ira" (Provérbios 15.1, NVI). Uma mãe que pratica o autocontrole é lenta a irar-se e responde com brandura, mesmo nas situações mais difíceis. Os nossos filhos observam as nossas reações aos problemas e, mesmo quando temos a pior reação possível, podemos apoiar-nos na graça de Deus, procurar o seu perdão e confiar na sua ajuda para agir melhor da próxima vez. Essa prática de paciência e autocontrole é especialmente crucial quando os nossos filhos são desobedientes ou testam os limites. Ajuda-nos a resistir à tentação de reagir impulsivamente.

Uma estratégia que tem sido particularmente útil para mim é dar um passo atrás quando as tensões aumentam — pedir às crianças que se acalmem por um momento e depois voltar à situação com uma mente clara e pacífica. Essa pausa não só me ajuda a recuperar a compostura, como também torna o processo de ensinar e corrigir os nossos filhos mais construtivo e menos carregado de emoções.

Nesses momentos, o comportamento calmo e as explicações fundamentadas de uma mãe são essenciais. Ao orientar calmamente os nossos filhos e ajudá-los a compreender a importância da autodisciplina, ensinamos-lhes competências essenciais para a vida. Nem sempre é fácil exercer paciência e autocontrole, mas as nossas ações nesses momentos servem de modelos poderosos. Afinal, se nós, como mães, não praticarmos o autocontrole, como podemos esperar que os nossos filhos o desenvolvam?

Concluindo, o autocontrole bíblico envolve uma confiança sincera no Espírito Santo para nos capacitar a resistir aos desejos da carne e a cultivar o fruto do Espírito na nossa vida. Como mães, estamos perfeitamente conscientes de que não podemos responder consistentemente à desobediência dos nossos filhos de uma forma perfeita, especialmente tendo em conta a presença do pecado dentro de nós. Precisamos de ajuda, e Deus, na sua graça, providenciou essa ajuda através do seu Espírito Santo.

A nossa responsabilidade é mergulhar a nossa mente na Palavra de Deus, permanecer em oração constante e procurar a força do Espírito Santo para resistir às paixões da carne, como lemos em 1Pedro 2.11. Devemos também pedir-lhe que cultive em nós um desejo genuíno de exercer o autocontrole. Quando confrontados com momentos de estresse ou de dificuldade, somos chamadas a voltar-nos para Deus em busca de orientação, confiando que ele nos guiará com sabedoria.

A prática do autocontrole está profundamente ligada à vocação da maternidade, pois permite às mães moldar e incutir virtudes que são fundamentais para o crescimento espiritual e emocional dos seus filhos. Ao exercer o autocontrole, não só aprofundamos a nossa própria dependência da graça de Deus, mas também contamos com a sua sabedoria e paciência para enfrentar os desafios da maternidade com maior discernimento e clareza.

Oração: Senhor Jesus, tu és manso e humilde de coração, e nós te agradecemos pelo dom do teu Espírito, que faz em nós o que não conseguiríamos produzir em nós mesmas. Como mães, nós somos diariamente confrontadas pelos nossos limites, embora, em nossa fraqueza, tu nos mostras tua misericórdia e em nossa falha tu nos encontras com graça. Ensina-nos, pelo teu Espírito, a andar em temperança — no intuito de parar, orar e responder com sabedoria mais do que sermos reativas. Que a nossa moderação seja um testemunho do teu poder que opera em nós e que nossos filhos vejam não a nossa perfeição, mas a nossa dependência de ti. Nós rendemos nossos desejos, nossos impulsos, nossas frustrações a ti, Senhor, sabendo que tua graça é suficiente e teu poder é aperfeiçoado em nossa fraqueza. Nós oramos em nome de Jesus, amém!

“Ao exercer o autocontrole, não só aprofundamos a nossa própria dependência da graça de Deus, mas também contamos com a sua sabedoria e paciência para **enfrentar os desafios da maternidade** com maior discernimento e clareza.”

Chelsey Costa

União,

por Nathalie Barros

"É melhor ter companhia do que estar sozinho, porque maior é a recompensa do trabalho de duas pessoas. Se um cair, o amigo pode ajudá-lo a levantar-se. Mas pobre do homem que cai e não tem quem o ajude a levantar-se."

(Eclesiastes 4.9-10, NVI)

Apesar de ser difícil colocar em prática, não é muito difícil de entender que, de acordo com o Google, a palavra união[1] significa "ato ou efeito de unir(-se)". Essa virtude de tão forte me traz à memória diversos versículos, mas há um, em especial, que chama minha atenção: "Como é bom e agradável quando os irmãos convivem em união!" (Salmos 133.1, NVI).

Pensar em união na maternidade é um tanto quanto confuso. A pergunta é: "unir-se a quem?", já que no mundo atual muito se fala de uma carga solitária ao maternar. Vamos falar sobre isso aqui.

---

[1] UNIÃO. In OXFORD LANGUAGES. [S.I.], 2025. Disponível em: união significado - Pesquisa Google. Acesso em: 20 maio 2025.

A primeira coisa que devemos ter em mente é que se o próprio Deus vive em perfeita união e sintonia na Trindade (Deus Pai, Deus Filho e Deus Espírito Santo), nós podemos aprender o que o Senhor espera de nós num relacionamento. A primeira união óbvia que existe é a do homem e da mulher no casamento. A partir desse relacionamento, uma criança vem ao mundo para se tornar o novo membro da família. Ela une-se à equipe. Mas ainda tem mais!

Há pouco mais de 30, 40 anos era comum que irmãs, tias e amigas se ajudassem na rotina com as crianças. Lembro-me de que, na minha infância, sempre tinha alguém em casa para que eu e meu irmão ficássemos aos cuidados de uma terceira pessoa, já que meus pais precisavam trabalhar muito. Hoje, olho para a realidade que meu marido e eu vivemos estando a 500km de distância dos nossos familiares, tendo poucos amigos na cidade onde moramos e penso: "preciso aprender a pedir ajuda quando realmente for necessário sem achar que estarei incomodando ou sendo um peso para o outro".

A nossa tendência é perceber com mais facilidade as falhas dos outros quando se trata de entrega e dedicação. Mas desde que minha segunda filha nasceu, quando o primeiro ainda tinha 1 ano e 2 meses, meu esposo e eu percebemos que teríamos que nos esforçar para criar um vínculo maior com as pessoas e, assim, poder contar mais uns com os outros.

Minha amiga, se você achou que essa virtude era sobre as pessoas se unirem a você, saiba que é sobre você e eu nos unirmos a elas, até porque quem está buscando se aperfeiçoar nas virtudes somos nós, pois estamos a consultar esta obra, certo?

O versículo que mencionei no início do capítulo era citado em minha igreja por uma famosa "irmã do coque" que a lia no início de todos os cultos. Aquelas palavras foram criando raízes profundas

no meu coração, mesmo que, no início de minha conversão, eu não entendesse tão bem o quanto aquilo era importante. A palavra "quando" nesse versículo mostra que nem sempre os irmãos vivem em união, mas sempre que acontece é bom e agradável, ou seja, apesar das oscilações, nós precisamos buscar essa união porque ela é fundamental para uma vida cristã e maternidade plenas.

Mas você pode se perguntar: como fazer isso? Bem, nós precisaremos colocar em prática o que Paulo disse aos filipenses no capítulo 2 de sua carta: "[...] mas humildemente considerem os outros superiores a vocês mesmos" (v. 3). Com esse pensamento em mente, nos uniremos mais facilmente aos nossos maridos, familiares e amigos, pois não estaremos visando apenas o nosso próprio bem-estar e preferindo nos isolar para "termos paz", mas estaremos cuidando dos interesses das outras pessoas, o que causa um impacto direto e positivo sobre a maneira como nossos filhos se relacionarão.

Sim, tudo o que foi dito acima é sobre você e eu sermos intencionais para que, diferentemente do que fomos criadas para ser — egoístas e solitárias —, nossos filhos se relacionem bem e entendam desde muito cedo o valor de boas companhias.

Nosso erro é achar que é possível ensinar aos nossos filhos o quanto precisamos uns dos outros e, em contrapartida, deixar evidente que nos esforçamos para fazer tudo sozinhas e, no final, ainda temos o hábito de reclamar.

Mamãe, nós podemos ser vulneráveis em Cristo. Podemos contar com outras pessoas e, com isso, demonstrar na prática às nossas crianças desde cedo como funciona o Corpo de Cristo — feito por muitos membros.

Minha oração é para que não cedamos à tentação de achar que fazemos tudo melhor sozinhas. Essa é uma falácia que tem não só

sobrecarregado muitas mulheres, mas também destruído casamentos e amizades. Guarde esta palavra em seu coração: “É melhor ter companhia do que estar sozinho, porque maior é a recompensa do trabalho de duas pessoas. Se um cair, o amigo pode ajudá-lo a levantar-se. Mas pobre do homem que cai e não tem quem o ajude a levantar-se” (Eclesiastes 4.9-10, NVI).

> Oração: Pai, tu mesmo vives em união na trindade, cada um exercendo com maestria sua função, então, ensina-nos, Deus, a confiar no nosso próximo. Ensina-nos a ver nele um pequeno pedaço de quem tu és! Tem misericórdia de nós por causa de nosso egoísmo e muda-nos conforme a tua vontade!

"Minha oração é para que **não cedamos à tentação** de achar que fazemos tudo melhor sozinhas. Essa é uma falácia que tem não só sobrecarregado muitas mulheres, mas também destruído casamentos e amizades."

Nathalie Barros

Verdade,
por Laila Coelho

"Disse-lhe Jesus: Eu sou o caminho, e a verdade, e a vida. Ninguém vem ao Pai senão por mim."
(João 14.6, ACF)

O versículo deixa muito claro o que é a virtude da verdade, a Verdade é Cristo. Conforme comecei a estudar as virtudes para escrever este livro junto com minhas amigas, fui percebendo que Jesus é a própria personificação de virtudes. Todas as virtudes que escrevemos aqui e buscamos desenvolver ao longo da nossa vida encontramos nele, pois ele sofreu tudo que possamos um dia vir a sofrer ou até já vivemos em algum momento da nossa vida. Cristo foi açoitado, traído, humilhado, cuspido, desacreditado, escarnecido, tentado.

A verdade é uma das virtudes mais especiais que podemos encontrar em uma pessoa. Ela fala sobre o caráter, aquilo que as pessoas fazem quando ninguém está vendo, quando não estão sob holofotes. Quem você é? Isso é caráter, isso é verdade. É sobre aquilo que podemos acreditar ser real, sincero, honesto, fato verdadeiro, limpo, confiável. É a ausência de mentira.

Na definição do Dicionário Online de Português (DICIO), a verdade[1] é "a conformidade de algo com a realidade ou com a verdade, ou seja, a qualidade de ser real ou verdadeiro". A verdade sempre será a melhor decisão.

Quando comecei a me expor na internet, eu tinha medo de não agradar as pessoas e, por um momento, vi-me tentando pertencer a um ambiente ou a um grupo de pessoas que não faziam parte de quem eu gostaria de ser.

Lembro-me de quando fiz um curso e a professora era doce no jeito de falar, elegante na forma de se vestir e muito fina para se comportar. Vendo aquilo no auge dos meus 20 anos, pensei: "eu preciso ser mais fina e doce. Sou muito espalhafatosa, falo alto e não tenho essa finesse toda". No dia seguinte, eu já estava mudando a minha forma de falar para tentar me encaixar naquele jeito. Passados alguns dias de curso, fomos almoçar, e aquela professora, na saída do almoço, começou a fumar um cigarro. Ela ficou deselegante automaticamente! Ali eu percebi que jamais faria aquilo para me parecer com alguém. Aquela boa aparência perdeu todo o brilho com o cheiro forte e os dentes já mais escuros. As roupas também perderam a cor naquele momento. Entendi também que, muitas vezes, criamos uma imagem distorcida das pessoas por pequenos fragmentos que vemos. Fazemos isso diariamente e com muita facilidade (principalmente por causa do avanço das redes sociais), e acabamos nos comparando o tempo todo.

Eu entendi que melhor era viver a minha verdade. Essa é uma história de quando eu era muito jovem e sem metade do conhecimento que tenho atualmente, além da minha identidade firmada em Deus.

---

1 VERDADE. In DICIO. Dicionário Online de Português. Porto: 7Graus. 2025. Disponível em: Verdade - Dicio, Dicionário Online de Português. Acesso em: 20 maio 2025.

Hoje, enquanto mãe, preciso seguir a verdade que está no Senhor, vivendo com a minha identidade firmada em quem Deus diz que eu sou e, assim, criar meus filhos com essa fidelidade.

Antes de fazer tudo o que estão dizendo que devo fazer, preciso estar focada na maneira que aprendi ser a certa, com princípios e valores, para que meus filhos não se desviem nem para a esquerda, nem para a direita, afinal de contas, quando eles são crianças, nós é que lhes ensinamos o caminho. Eles vivem perante as nossas instruções e o que lhes mostramos do mundo. Precisamos ser verdadeiras em tudo!

Meu filho está em uma fase na qual imita tudo o que falo. Imagine se a educação que lhe dou é baseada em mentiras? Fatalmente, ele repetirá esse padrão acreditando que isso é o certo. Queridas mães, precisamos vigiar o tempo todo, pois somos espelho para os nossos filhos. Não podemos dizer algo, ou pedir que eles tenham determinado comportamento, se nós mesmas falhamos sempre de modo indiscriminado. Nós iremos falhar em algum momento, porém, não podemos perpetuar erros gritantes, os quais fogem dos princípios de Deus para a nossa casa. Que Deus possa nos entregar sabedoria e discernimento para criar nossos filhos com a verdade dele por todos os dias. E que sejamos surpreendidas através da graça do Senhor com boas atitudes dos nossos filhos.

Fica um versículo para meditarmos: "Não tenho maior gozo do que este, o de ouvir que os meus filhos andam na verdade" (3João 1.4, ACF).

Oração: Senhor, eu creio que meu senso de justiça aguçado, muitas vezes, faz com que eu não entenda muitas coisas. Peço que tu me faças viver pela verdade, que é a tua. Usa-me para ser tua serva e pregar ainda que em silêncio a tua verdade, e que me faças descansar na tua soberania para a minha vida.

“Hoje, enquanto mãe, **preciso seguir a verdade que está no Senhor**, vivendo com a minha identidade firmada em quem Deus diz que eu sou e, assim, criar meus filhos com essa fidelidade.”

Laila Coelho

Zelo,

por Bruna Luz

"Tudo quanto fizerdes, fazei-o de todo o coração, como para o Senhor e não para homens."
(Colossenses 3.23, ARA)

Quantas vezes nós, mães, sentimos que estamos apenas trabalhando em coisas naturais, sentimo-nos até mesmo culpadas por não termos escolhido "a boa parte"? No meio da rotina agitada de troca de fraldas, preparo das refeições, lições de casa e tantas outras responsabilidades de uma mãe, provavelmente nunca imaginamos que podemos ser as precursoras de um mover que há de alcançar milhões de pessoas ou que possamos influenciar a composição de milhares de hinos que hão de abençoar a Igreja por séculos ou, ainda, ouvir nossos filhos, depois de adultos, testemunhar que aprenderam mais sobre o Cristianismo conosco do que com todos os teólogos de seu país.

Esse é o testemunho de Susanna Wesley, uma mãe zelosa de dezenove filhos, entre eles John e Charles Wesley, fundadores do movimento metodista. Sua vida não foi fácil. Além de enfrentar dificuldades financeiras que levaram seu marido à prisão, teve um filho inválido,

outro que só aprendeu a falar com seis anos e, ainda assim, manteve uma disciplina rigorosa de oração, ensino e cuidados com os filhos.

Susanna não esperou ter condições ideais para exercer seu chamado como mãe. Mesmo em meio às lutas, ela foi uma mãe comprometida com a educação de seus filhos, o que fez dela um exemplo atemporal de fidelidade e dedicação.

Eu costumo dizer que cuidar dos filhos é tão espiritual quanto orar por eles, pois de nada adianta orar diariamente pelos filhos se os abandonamos na frente das telas e os deixamos expostos aos perigos da internet. Não adianta levá-los à igreja todos os domingos se não conversamos e não sabemos o que se passa em seus corações ou quem são seus amigos.

Nossos filhos precisam de cuidados, precisam de proteção, atenção, carinho e amor para que cresçam saudáveis e aptos a cumprir o plano de Deus para suas vidas. A maternidade exige um olhar atento e cuidados únicos que só uma mãe pode oferecer.

E será que vale a pena? Cuidar dos filhos é tido tantas vezes como algo insignificante, um trabalho ingrato que ninguém reconhece. Quantas mulheres sentem-se perdidas depois que os filhos chegam? Mas precisamos entender que, assim como uma vela acesa tem o poder de iluminar e perfumar o ambiente, uma mãe zelosa tem o poder de deixar marcas no coração dos filhos que serão levadas por toda a vida. A mãe zelosa sabe que o preço nunca será maior do que a graça e aquilo que parece "um desperdício" diante dos homens tem um valor eterno diante de Deus.

Oração: Senhor, ajuda-me a discernir o valor do trabalho que me confiastes a fazer. Não permitas que as vozes do mundo ou mesmo o cansaço me façam ser negligente com os cuidados, instrução e formação espiritual dos meus filhos e, principalmente, que tudo que eu fizer seja para a tua glória.

"A mãe zelosa sabe
que o preço nunca será
maior do que a graça
e aquilo que parece
"um desperdício"
diante dos homens
**tem um valor eterno
diante de Deus.**"

Bruna Luz

O caminho continua,
agora é a sua vez...